수채화처럼 시가 되는 풍경

수채화처럼
시가 되는
풍경

이금자, 이재석이 쓰고 김기환이 찍다

도서출판 천우

● 책머리에

  근 45년 만에 조직된 초등학교 동창회에서 만난 친구들끼리 소소한 사진시집을 내게 되었다.
  남녀반 합반이 아니어서 얼굴은 물론 이름도 모르고 지냈던 친구들이다.
  동창회 밴드가 만들어지고 사진작가 김기환이 밴드에 사진 한 점을 올렸다. '안성목장의 봄'이라는 제목의 사진이었다.
  "와!"
  감탄사와 함께 바로 댓글을 달았다.
  그 댓글은 시가 되었다.
  그렇게,
  시작된 시집이다.

인천대공원의 가을을 즐기는 청춘들

전기기술사인 친구 이재석은 공돌이답지 않게 글을 잘 쓴다.
이번에 젊은 시절 연애편지로 갈고닦은 실력을 마음껏 뽐내었다.

너무 생각의 속도가 빠르고
행동은 더 빨라서
느리재 애 같지 않은 애, 금총(금자 총무) 때문에
두 친구들
맘고생도 많이 했다.
그래도 이뻐서 다 용서되긴 했다.

2017년 10월

李錦子 · 李在錫 · 金基爕

축하의 글

· · ·

　몇 달 전에 초등학교 동창들인 사진작가 김기환, 시인 이금자, 이재석이 의기투합하여 시집을 내보겠다고 출판하는 나를 찾아왔었다. 모두 초등학교 동창회를 통해 만난 친구들이다.

　여전히 이금자 시인은 소녀 같다. 모습뿐만 아니라 마음까지도 아직 소녀 같았다. 우리가 살아온 시대가 누구나 녹록지는 않았겠지만, 친구 역시 살아온 세월이 힘들었다고 들었다. 그러나 친구는 세상 때를 입고 있지 않았다. 친구는 어릴 때부터 시인이 꿈이었다고 했다.

　전기기술사인 이재석 시인은 나와 같은 동네에서 태어났다. 친구와는 많은 추억을 공유하고 있는데 이재석 시인의 시에 나와 있는 막걸리 마차를 같이 타고 다녔다. 자신의 분야에서도 열심히, 성실히 일해 온 친구가 이렇게 따뜻하고 멋진 시를 쓴다는 것이 놀라울 뿐이다.

　사진작가 김기환의 사진은 밝다. 몇십 년

을 월간 『건축세계』를 출간하면서 많은 사진을 접했고 나름대로의 시야도 생겼다고 생각하는데 친구의 사진은 보면 볼수록 기분이 좋아지는 묘한 매력이 있었다. 사진 분야에서 상도 많이 탄 그의 작품이 친구들의 시를 만나 서로의 가치를 높여주고 있었다.

친구들이 끄집어내는 어릴 적 세상은 추억만으로도 아름답고 절로 미소가 그려진다. 그런 의미에서 이 시집은 나에게도 값진 의미가 될 것이다. 각자의 길에서 살아오던 친구들이 다시 만나 출판, 사진과 시로서 교감하는 이런 멋진 조합과 우정이 감사하기만 하다.

또한 그동안 신뢰와 우정으로 잡지업계를 같이 이끌어온 김천우 대표께서 기꺼이 우리 친구들의 시집을 출간해 주는 것에 감사드린다. 『수채화처럼 시가 되는 풍경』은 여러 의미에서 상당히 가치 있고 수준 높은 시집이 되리라고 확신한다.

정광영(한국잡지협회 회장, 월간 『건축세계』 대표)

축하의 글

　세월이 가면 세상과 사물을 바라보는 마음이 탁해질 법도 한데 60세의 금자 엄마는 아직도 여린 녹색 빛을 띤다. 엉뚱하면서도 조금은 어리숙하고 가끔은 고집스러운 소녀와도 같다.

　아직도 목청 보이는 커다란 웃음을, 장난기 가득한 표정을, 뻔한 공격에 여전히 당황스러워 하는, 내 사랑스러운 금자 엄마는 때 없는 당신만의 독특하고 아름다운 세상을 가지고 있다.

　화려하거나 요란스럽지 않더라도 모든 삶 속에 진실된 감사의 마음이 담겨진 금자 엄마의 글 역시 또르륵 떨어지는 이슬방울 같은 맑음이 있다.

　그런 엄마의 삶과 글을 사랑한다.

　건조한 삶을 살아가는 독자분들께 금자 엄마의 촉촉한 세상을 살포시 얹혀 드리며….

첫째 딸 민혜

축하의 글

  한 걸음 한 걸음씩, 멋진 인생을 그려내는 우리 엄마, 이금자 여사님
  컴퓨터 프로그래머로, 공인중개사로, 바리스타로….
  어릴 적 못다 이룬 꿈인 글 쓰는 사람이 되기 위해 경희사이버대학교 문예창작과 졸업, 그리고 정말 등단!!
  끝없이 도전하는 엄마의 모습이 정말 자랑스럽습니다.
  때로는 모질고 아팠던, 때로는 행복하고 찬란했던, 엄마의 삶 한 순간 순간들이 아름다운 시가 되고, 소박하지만 따뜻한 그 시들이 그림과 같은 사진을 만나 세상에 둘도 없는 책으로 탄생되어 가슴이 벅찹니다.
  하나님이 주신 따뜻한 시선으로 세상을 표현하고 싶다는 엄마, 시인으로서의 엄마의 인생 제2막을 열렬히 응원합니다.

둘째 딸 민진

축하의 글

풍등에 소원을 담아 하늘 위로 날려 보냅니다

· · ·

수선화를 닮은 여인.
여리디여린 그녀의 가슴에서 빚어낸
사랑과 인생 이야기는
모두가 꽃이어라.
이제 열매가 되어 아름다운 영혼으로
빛나리.

친구 조미희

책머리에
축하의 글   정광영 / 민혜 / 민진 / 조미희

이금자

01 마치 수채화처럼, 시가 되는 풍경

안성목장의 봄 _ **025**
꽃길 1 _ **026**
꽃길 2 _ **028**
대림동산에서 1 _ **029**
삼중창 _ **031**
4월 꽃 _ **032**
대림동산에서 2 _ **034**
가을날 _ **037**
조깅 _ **038**
대림동산에서 3 _ **041**
은총 _ **042**
노을 _ **043**
6월, 장마의 시작 _ **044**
흠뻑 비 지난 날 _ **047**
경복궁의 겨울 _ **048**
출근길 _ **050**
서울의 밤 _ **051**
벚꽃 _ **052**

이금자

02 이 눈부신 아름다움의 이름은 충일, 순전, 본향

호박 _ 054
값 _ 057
4월 묵상 _ 058
새벽기도길 _ 061
축하 화분 _ 062
대천 앞바다 _ 064
사람이 시(詩)다 _ 066
불꽃놀이 _ 070
오월의 편지 _ 072
붉은 노을 _ 074
봄소식 _ 075
바다 _ 077
이야기 _ 078
겨울 풍경 _ 080
봄날 _ 082
연희동에서 _ 085
새순 _ 086

이금자

03 너는 빨강 물고기 너는 참 예쁘고나

어버이날 _ 089
카네이션 _ 090

어버이날에 부치는 글 _ 091
코코넛 _ 092
꽃 시루떡 _ 095
노래 _ 096
1994 두 개의 크리스마스카드 _ 098
너희들이 온다는 날 _ 101
만남 _ 102
전통찻집 _ 103
여행 _ 104
주혜에게 _ 106
우정 _ 108
오월의 신랑 _ 111
눈 오는 날 _ 112
친구의 사진 전시회 _ 114

이금자

04 읊조리는 것마다 노래가 되게 하는 이상한 마법사처럼

두봉 _ 116
저녁 산책 _ 118
애인 _ 121
은하수 _ 122
연합 _ 125
이별 1 _ 126
이별 2 _ 128
내 습작의 독자는 한 사람으로 족합니다 _ 129

I'm still loving you _ **130**
그 바다 _ **133**
아름다운 세상 _ **134**
가을 초입 _ **136**
남이 되기 위한 기도 _ **139**
이별 연습 _ **140**
편지 _ **142**
콩깍지 _ **144**
메타쉐콰이어 _ **146**
외계인의 사랑 _ **147**
너 _ **148**

이재석
01 행동하기 전에 생각이 많은 소년

한여름 밤의 칼국수 _ **150**
수박 농사 _ **152**
등굣길 1 _ **154**
등굣길 2 _ **156**
등굣길 3 _ **159**
동대문 _ **162**
눈 내리는 겨울바다 _ **164**

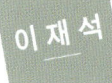

이재석
02 사랑할 가치 있는 삶을 위하여

시월의 신부여 _ **168**
크로아티아 플리트비체 _ **171**
삽교천 _ **174**
나의 기도 _ **176**
그리움 _ **178**
우리는 _ **180**
파랑새 _ **182**
당신 마음속에 쉬고 싶다 _ **184**
당신은 사랑의 천사 _ **186**
그날 _ **189**
꽃보다 어여쁜 당신 _ **190**

이금자
수필 친구들 이야기

친구의 책 _ **192**
영현이의 첫사랑 _ **198**
재석이의 몽정기 _ **201**

해설 포에지와 렌즈로 통찰한 존재인식과 영혼교감의 서정적 미학
／최병영 _ **206**

김 기 환 | 사진작가

경기도 안성 출생
충북대학교 졸업
한국사진작가협회 회원
동대문구 사진작가회 회원

〈입상 경력〉
한국사진작가협회 하동지부 전국사진공모전 '은상'
충청일보사 전국사진공모전 '특선'
제주특별자치도 전국사진공모전 '가작'
제물포전국사진대전 '입선' 외 다수 수상

이금자 | 시인

>> **경기도 안성 출생**
아유~ 요거, 하나 안 낳았으면 어쩔 뻔했어?
삼형제에 고명딸인 내가 부모님께 늘 듣던 말.

>> **명륜여자중학교**
애는 미술대회 나가야 해요.
무슨 소리에요? 애는 글짓기대회 나가야 해요.
중학교 때 두 선생님은 한 치의 양보도 없이 싸우시다가 마침내 국어 선생님이 말씀하셨다.
이금자, 네가 선택해!

>> **안성여자고등학교**
왜 애들이 너한테 잘 보이려고 하는지 아니?
네가 유명한 작가가 되면 자기 얘기를 잘 써달라고 하는 거야.
고등학교 때 친구들에게 듣던 말.

>> **경희사이버대학교 문예창작학과**
한 학기에 한두 과목씩만 듣고 졸업은 늦게 하세요.
학기 중에 글도 많이 쓰고, 등단도 하면 더 좋지.
편입한 경희사이버대학교 문예창작과 교수님의 말씀이셨지만, 난 후다닥 졸업해 버렸다.

>> **삶과 시**
엄마의 영혼은 너무 아름다워
그러나 그걸 알아보는 사람은 많지 않아
세상 누구보다도 엄마의 존재를 사랑해주는 두 딸들.

>> **시인**
이 모든 말들과 칭찬들은 내 마음속 깊이 뿌리를 내리고
마침내,
이 시집이 되었다.

이 재 석 | 시인

경기도 안성에서 태어남.
대덕초등학교를 이 책을 같이 만든 세 명이 함께 다녔다.
안성의 안법중·고등학교를 거쳐
동국대학교와 연세대학원에서 전기공학을 전공했다.
KCC와 한국전력공사에서 근무했으며,
36세에 전기 분야 전기술사를 취득한 후
한국전력공사를 퇴사하고
전기 분야 설계 전문회사를 경영하기도 했으며,
현재는 온실가스 감축 및 에너지 진단 전문가로서
JS 산업, JS 테크의 대표로 활동 중이다.
45년 만에 결성된 초등동창회의 밴드모임에서
주고받은 글들이 인연이 되어 이 시집을 발간하게 되었다.
평생 지녀온 삶의 흔적들을 이 책에 남길 수 있어 기쁘고,
일생일대의 소중한 추억으로 남을 것이다.

이금자

01
마치 수채화처럼, 시가 되는 풍경

소양강에 상고대가 이쁘게 피던 날

안성 팜랜드의 봄

안성목장의 봄

봄은
초록을 입고 일어서는 봄은,

일출은
빨강을 입고 일어서는 일출은,

새벽을 지키고 앉아
고향을,

봄을,

향수를,

공유를,
찍고 싶었다

특별한 이름을 붙이지 않았는데도
잔잔한 웃음, 노래처럼

상관없이 흐른 세월의 여백이 렌즈처럼 좁아져 오는 것도 같았다

꽃길 1

와와
저기 걸어가는 두 사람이
감탄사를 날리고 있네
꽃들은 더 신나서 방긋거리고
행복한 꽃길
우리 모두도 서로에게
꽃길이 되자
어떤 친구가 와서
그 길에 서도
와와
소리치며 감탄하는
행복한 꽃길

아름다움이 가득한 꽃길을 거닐다

희원의 봄

꽃길 2

당신이랑 손잡고 노래 부르면서 꽃길 걷고 싶어
빨강, 노랑, 하양, 연분홍, 보라, 연두, 초록…
모든 예쁜 색깔들 알록달록
당신과 나의 노래 속에 밀어 속에 속살거리고
깔깔깔
웃음소리 애드벌룬처럼 둥실 띄워놓고
당신과 걷는 이 꽃길이 사랑스러워
언제까지나… 끝까지…
당신과는 사랑하고 싶어져
20년쯤은 더 뜨겁게 사랑하며 살자
알록달록한 사탕처럼 달달한 약속

대림동산에서 1

비 오는 아침은
벌써 시작되었는데
여기 정적 속에
새들은 어떻게 몸을 숨기나

비로소 비가 개였고
작은 새들이 먼저 움직이는 소리가 났다

비 내리는 두물머리

유채꽃 향기

삼중창

민진이와 자전거를 탔다
바람은 우리를 가로지르며 달렸다
숲엔 온통 바람
벼는 노랗게 익어가고 있다
아아아아
여기 대림동산에서
주님은 참 사랑이시다

민혜가 늦도록 복음성가를 쳤다
고물 피아노지만
민혜 가는 손가락에선 기쁜 찬양들이 울려나왔다
아아아아
우리의 삶은 찬양이리라
우리 주님 받으실 산 찬양

서산목장의 봄

4월 꽃

꽃단지 꽃무리
텃밭 가득 꽃무리
바람 물결 일어나
넘실이는 꽃무리

아주 조용한 자리
나 숨어 들어가

숨 쉴 수 있는 만큼의 자유와
포기를

노란 꽃무리 가득
풀어지는 4월

겨울을 이긴 눈부신 노랑
빨강 햇살과 어울어져
길을 가득 메운
개나리

요란한 행진곡 소리

눈부신 4월을 듣는다

대림동산에서 2

흐린 저녁
집 앞 마당에 모닥불을 지폈다
연기는 바람 부는 쪽으로 아무렇게나 흐르며
알밤과 감자는 모닥불 속에서 잘 익었다
이런 평화와 안식이
내내 이 마을에 흘렀으면 좋겠다

혼자 눈물 흘리는 날의 별들은 더욱 반짝이고
그래도 혼자이지 않은 이런 고적함이 난 좋다

들꽃으로 방을 장식하고,
갈대와 찔레꽃도 한 아름 꺾어 왔다
이런 한산한 저녁
내내 이 마을엔 이런 공기가 흘렀으면 좋겠다

우음도의 오후

인제 자작나무 숲의 가을

가을날

가을빛을 만져보았습니까?
작은 이파리 하나에도 잘게 부서져 내리는
그 빛 속에
온산을 헤매고 다녀도
또 달려 나가 그 숲속에 서는 마음

가을빛처럼
따습게, 따습게
영혼을 뉘게 하는
아무런 말없이도
전부를 받아주는 그 빛 속에

나무들은 진한 향기로 겨울을 준비하며
잎사귀를 숲 가득히 떨구어 내리고 있었습니다

조깅

겨울을 이겨낸 꽃망울의
터짐 위에
웃음꽃 환히

초록으로 일어서는 잔디 위에
빠른 달음질

잔디들 연초록으로 일어서다,
뛰어가도 뛰어가도
언덕배기 가득한 잔디 위에
봄이 나리다
생명으로 다가선 봄빛에
나,
젖다

돌고래 구름

황매산 일출

대림동산에서 3

안개 낀 날
내 창문 밖에도 아침이 열리고 있습니다
갖가지 새들은 제 모양으로 아침을 맞고
나무들 사이에서 떠오르는 태양은 눈부십니다
또 하루를 허락하신 당신님을 바라보며
기뻐합니다

내 창 안 가득히
당신님의 햇빛을 받겠습니다
구김 없이 부서지는 이 포말의 빛줄기 속에서
당신님의 사랑하심이
그 푸른 하늘에 당신님이 계심이
내 시린 볼을 타고 내리는 이 눈물 속에도
가득히 당신 계심이…

월류봉에서 아름다운 가을빛을 만나다

은총

햇살이
이 동네만 쏟아지는 것 같아
송구했습니다

노을

하늘은 자꾸자꾸 색깔을 바꿨다

하늘 색깔의 자꾸 다른 감탄사가
흘러나왔다

솔섬 노을

6월, 장마의 시작

빨간 장미 꽃잎이 쏟아져 내려 길을 적셨습니다
이미 사랑 같은 단어는 없습니다
남아 있다면
조용한 관망
이렇듯
마흔이 되면 여러 사람이 물어올 거예요
당신 얼굴은 당신입니까?

한줄기 바람, 한자락 햇살
구름이 지나는 하늘
내놓을 거라곤 없습니다

가끔씩 비는 쏟아져 내려
온 초록을 불러일으키며
산을 가로질러
저 냇가로

여름의 시작입니다
땅은 넉넉히 물을 저장해 둘 것

동백꽃

청산도

흠뻑 비 지난 날

개나리를 꺾어다 뒤란에 심었다
튼튼한 뿌리가 땅속 깊이 내려주길 기도하며
옮겨온 땅은 평안한지…

이 땅에
뿌리내리는 것이 끝내 서먹한 사람들로 해서

물을 준다
아침저녁 바람은 초록으로 불어와
온 겨울을 이기고 나면
정리되지 않은 슬픔과 아픔조차도
살 만큼의 뿌리로서 그렇게…

흙을 보듬어 내 기도를 담는다
꽃이 담긴
개나리 노란 색깔

경복궁의 겨울(1)

경복궁의 겨울

몇백 년을 지켜온 저 자태
수천 번의 혹한을 이겨낸
고궁의 묵묵함이 고요하다
고즈넉한 사진 앞에
괜스레,
숙연해져

실버들 여린 가지 속
생명의 핏기

실가지마다 매달릴
부활의 새순들

친구의 겨울 속에서
봄을 보고 있다

경복궁의 겨울(2)

출근길

햇살이 눈부시다
늘 다니던 길인데 전혀 새로운,
아름다움이다
햇살은 단풍잎에, 하얀 억새풀에 사정없이 쏟아져

당신을 생각하며
행복하기로 결정한다

이시돌 목장의 오후

남한산성에서 바라본 서울 야경

서울의 밤

저 작은 불빛 하나마다
사랑 하나씩 걸어두고
은하철도 999
이 도시의 운명을 지키는 건
우리의 몫

저마다의 사랑으로
불을 밝힙니다

벚꽃

눈을 닮았다
눈처럼 내리기도 한다
화사하다
아기의 웃음처럼
하늘 가득
웃고 있다

꽃비가 내리는 날

이금자

02

이 눈부신 아름다움의 이름은
충일, 순전, 본향

수련

호박

땅속 깊은 곳에서
그 작은 씨알에게
생명의 몸짓을 지시한 이는 누구입니까?

여린 싹이 헤집고 올라온 땅에
입김을 불어넣으신 이는
누구입니까?

떡잎의 숫자를 계수하시어
리듬에 맞춘 자람의 순서를 알게 하신 이는
누구입니까?

담장을 타고 오르는 법을 가르치시고,
작은 넝쿨로 또아리를 쳐서 붙잡게 하신 손길은
누구입니까?

아무렇지도 않은 줄기에서
암꽃과 수꽃을 피우신 이는 누구입니까?
꽃 속에 꿀을 담아,
나비 발에 사랑을 묻히신 이는 누구입니까?

가을 정원

생명의 역사를 진행시키시는 이,
이 섬세한 숨결은 무엇입니까?

애호박에 살이 오르는 바람을 준비하신 이,
햇발의 청량함이 살 속에 박히어
단맛을 더하게 하신 이는
누구입니까?

꼭 그만큼의 크기로,
꼭 그만큼씩의 생명을 잉태하는,
60배, 100배의 씨알을 품어주신 이는
누구입니까?

이 모든 일의 주인 되신 이,
이 뜨거운 순종을 주시는 이,
그가 계십니다

*1996 추수감사절에.

동판지의 새벽

값

모든 말은,
모든 사랑은
값을 지불해야 한다
말의 값
사랑의 값
그건,
아플 수 있다
그건 부담과 책임일 수 있다
값
죗값을 치러 주신
예수님의
피 값

4월 묵상

1.
영문 밖에 내어다가 속제제물을 버림같이,
예루살렘 밖 골고다로 끌고 가
십자가에 못 박던 날,
천지가 어둠에 갇혀 신음한 날,
성소의 휘장을 갈라 하나님께 나아갈 길을 여신
어린양 예수

속죄의 순결한 피로
어두운 나를 씻으소서

2.
"엘리 엘리 라마 사박다니"
그 골짜기 울려 퍼진 절망을 넘어
그를 가둔 무덤과 병사를 넘어
"마리아야."
그 새벽을 부르신 다정한 음성
내가 뛰어가며 넘어지며, "주님이 살아나셨다."
"주님이 살아나셨다."

3.
내 아버지 곧 너희 아버지, 내 하나님 곧 너희 하나님으로
언약의 신실함을 이루신 이여,
끝내 바래지 않는 희열과 기도를 내게 주소서

*1998 부활절에.

철쭉이 아름다운 함백산의 봄

갈대

새벽기도길

새벽기도 마치고
집으로 오는
길
점점 밝아오는 여명 속
때론 음악을 듣는다
때론 묵상을 한다
모든 고요가 기도가 되어,
단단해진다

축하 화분

우리 모두는
주님 앞에 시인인데

때때로,
시인으로 살지 못합니다
죄인 되어 살기도 합니다
부끄럽기만 합니다

그래도,
어느 날의 설교는 시가 되어
언 가슴 녹입니다
영혼은 깃털처럼 가벼워집니다

이렇듯,
축하를 보내십니다
이렇듯,
위로를 보내십니다
이렇듯,
부끄럽습니다

감사합니다
다윗이 못다 부른 노래 찾아
시인 되어 살겠습니다

코스모스

대천 앞바다
— 중고등부 수련회

숲속의 작은 물줄기 하나
또 다른 물줄기 만나 도랑을 이루고
조그만 도랑 몇 개는 만나 시내를 이루고
큰 시내들 몇 줄기 만나 강을 이루고
모든 강들은 흘러 흘러
바다로 간다
그 많은 물을 담고도 바다는,
저토록 의연하다
섭리하심은 깊은 바다를 다스려,
동그란 수평선 멀리
끝간데없는 이 무한한 지구…
사람들은 보트를 타고,
사람들은 수영을 하고,
사람들은 축구를 하고,
사람들은 공 뺏기 놀이를 하고…
사람들은 온갖 재롱을 부리며
주님 앞에서 놀고 있었다
우리도 축구를 했다
진흙을 뒤집어 쓴 사투였다

먼동 오메가

돌아오는 길엔 온 천지에 노을을 마련하신 주님
때론 말들이 뛰었고,
때론 잔잔한 바다를 노 저어 가는 돛단배도 있었고,
때론 붉게
때론 푸르게
때론 노랗게
우리를 따라오며 연출은 계속되었다
목이 터져라 찬양을 했다
보이지 않는 곳에서 터져 나오는
뜨거운 눈물을
서로의 가슴으로 느꼈다

사람이 시(詩)다

〈닮은꼴 - K. J. H〉

이 땅의 현실을 살 것 같지 않았던
드높은 이상을 가지신 분도
깍두기를 국물까지 밥 말아 드시고
드린 그릇에 부모님 농사지으신 고춧가루
가득 담아 주시고
달봉이 남매 둘 낳으시더니
커갈수록 목사님을 빼닮아 가는 셋째까지 데려다
딸내미는 합창단원으로 세계를 향해 나가고
여전히 꿈꾸시며 밥하고, 김치 만들고
배우고, 공부하고, 가르치고, 그림 그리고…

우리 닮은꼴들은
멀리 있어도 그림 그려지고
그리움 안고 만날 날 그리워하고…

〈마음속에 주님 모시더니 - B. M. O〉

그 주님 주신 복으로
많은 복 나누며

그 주님 주신 사랑으로
많은 사랑 나누며

그 주님 주신 은총으로
많은 기도 드리며

그 주님 주신 축복으로
많은 행복 누리며

그 주님 주신 평안으로
많은 웃음 웃으며

그 주님 향해 나아가는 걸음걸음이
찬송에 맞춘 합주되기를

범꼬리 꽃

〈눈물 – J. M. O〉

빛나는 영광 가운데로
함께 나아가는 것입니다
너무나 밝고 환한 그 영광입니다
찬양을 부르며
예배를 드리며
쉼 없이 흐르는 눈물
보는 사람의 마음까지 깨끗해지는
맑음입니다
위로와
평강이
축복이
흐르는 눈물처럼 가득 차 흘러넘치시길…
기도하는 아침입니다

불꽃축제(1)

불꽃놀이

와!!!

탄성 쏟아지는 순간의
포착

빛들의 잔치

불꽃축제(2)

가을밤 배경은 남청색

세련된 조화
자랑스런 서울의
한강,
불꽃축제

와!!!
같이 탄성하는
친구의 작품 한 점

오월의 편지

민들레 화려한 꽃고리 속엔
노란 송홧가루가 실려 있어
요란했었습니다
걸레질을 하면
한 움큼의 송홧가루를 모을 수 있었다니까요

지금은 아카시아, 찔레꽃이 한창입니다
숲은 온통 흰색 물결
그 짙은 꽃내음이 온산을 뒤덮었습니다
초록빛으로 부서지는 햇살 속에
눈부시게 서 있습니다

나이가 들수록 더욱 실감나는
이렇게 찬란한 봄입니다
곧 예고된 여름이 풀쩍 뛰어와
우리를 물로, 들로 불러낼 것입니다
이 동산은 어떻게 여름이 오는지
풀포기 하나에도 예사롭지 않은 나이가 되니
눈물이 자주 납니다
계절이 바뀔 때는 더욱 그러합니다

보문정

다가가도, 다가가도
한 번도 내몰지 않는 이 대지가
또한 그러합니다

언제고 달려 나가면 됩니다
눈물이 흐르면 흐르는 대로,
손등으로 씻으면 웃음이 나도 그 웃음으로…

당신님의 오월에 나의 안부를 끼웁니다

붉은 노을

사람은 낼 수 없는,
그릴 수 없는
색
하늘도 바다도 렌즈도 눈도
마음도
설레임도
다
붉다

꽃지의 노을

목장길 따라

봄소식

오늘 유리창 밖 가득히 쏟아져 내린 봄빛은
시속 1.06km로 북상 중인 봄
봄 소식을 전합니다
봄은
4월 5일 도착 예정입니다

많이 웃고 그 웃음 때문에 더욱 행복한
새봄 되시어요

을왕리 석양

바다

어느 바다보다 이 바다가 좋다
그가 말했다
화수분처럼
바다는 생명을 만들고
공급하고
함께 숨쉬며
아파하며
때론 아이처럼 깔깔대며
태고를 넘어
여기까지 왔다
이 바다

하루에 한 시간씩 늦게
물은 밀려들어 오고,
그것을 운행하시는 분의 숨결, 밀물을 찍으려고 했다

바다처럼 넓고 깊게 살자꾸나
습관적으로 곤두박질치는 나를
타이르며,
바다 앞에 선 날

이야기

축복을 빌 수 있을지 나는 모르지만
마음에 꽃을 담는다
서성거림 그 뒤에 피어나는 꽃
생명을 뒤흔드는 여린 흐느낌 같은,

사람들은 저마다의 사랑으로 집을 채우고
저마다의 웃음으로 생명을 낳고…
세상에 가득한 사랑이
날 향해 웃었을 때
난 꽃을 담고 있었다
창피했다

벽이 없었다
황량했다
서른한 살
너무 어렸다
응답하지 마라 나의 1988

내가 무서워 그들은 나를 피했다
그러는 나 자신이 무서워 난 그들을 피했다

혼신지

어느새
시선에 힘이 박혔다
난 그것을 안다
혼자 산다는 것이다
눈부신 시월 속에 나를 남기고 떠난 그 후 이야기

겨울 풍경

노랗게 겨울을 나고 있는 풀숲
파랗게 겨울 강은 얼었다간 풀리며
언덕 언저리 가득
갈대와 억새풀
곧 시가 되는 하늘,
난 주님 앞에 뒹굴며
이 안식을 마신다

소양강에서 아름다운 물안개를 만나다

겨울 들판이 저렇게 아름다운 이유는
참된 휴식 때문이리라
이 겨울을 많이 준비해온
뿌리들의 기도 때문이리라

빈 가지의 나무들이 저렇게 아름다움은
하늘, 들판
먼 산을
품고 있기 때문이리라

사람과 사람
겨울과
낯선 위로까지도…
나도 저렇게 품고 싶다

봄날

개나리꽃이 활짝 피었습니다
버드나무에 물이 올랐습니다
올봄 여자들 옷차림만큼이나
밝고 환한 봄이,
밤사이 비를 뚫고 성큼 걸어왔습니다
비봉산에 올랐습니다
찰랑이는 조롱박에 물 한 모금 마시고,
너무 작고 예쁜 꽃들…
눈여겨보지 않으면 보이지 않는
남색 꽃 이파리 속에 노란 꽃술…
사는 날 동안 가장 아름답게 피어 있자 우리
연녹색의 윤기 나는 나뭇잎들,
흔들고 달아나는 바람은
또 얼마나 장난꾸러기인지
무늬도, 나는 모양도 똑같이 생긴 나비 한 쌍
리듬 타는 숲속은 온통 축제
그냥 거기 서 있기만 하면 됩니다
불쑥 어깨춤이 올라와도 좋습니다
주님 사랑합니다
또 사랑해 주시니 감사합니다

저는 안성이 점점 더 좋아집니다

새봄

방태산의 가을

연희동에서

끝내 가을이 오지 않을 듯한
두려움에 내내 서성거렸던 긴 여름의 그 끝에
서서히 가을 내음이 일어서고 있다

많은 변화가 일상과 정신과 영혼을 지나갔다
가끔은 엎드려 기도하고,
가끔은 불면하면서
가끔은 올려다본 하늘
그 속엔 가을이 담겨 있었다
올해도 가을을 주신 주님은 얼마나 위대하신가?

한껏 가을 아침이 달려와
산 사이 나무마다 뿌려지는 햇살은
투명하다

새들이 두어 번씩 일정한 리듬으로
가을을 부르고
이 도시 한복판에
이런 고적한 아침을 두신
그분의 손길을
정다이 느껴본다

새순

봄은
오선지 위에
노래
물오른 가지마다
노래를 달고 서 있다
새들 높게 날아오르며
악보에 맞춘 노래

새봄

이금자

03
너는 빨강 물고기
너는 참 예쁘고나

큰딸 민혜 그림

작약꽃이 아름다운 대청호반의 새벽

어버이날

"엄마를 닮은,
들꽃 같은…"
노란 화분을 들고
함박웃음 웃으며
네가 걸어 나에게 왔을 때
민혜야,

"한마디만 할게요.
엄마, 사랑해요."
왠지 예뻐질 것만 같은 예감의
네가 내민 빨강색 루주
민진아,

가슴에 가득 찬 웃음으로
아카시아 꽃내음 쏟아지는
5월 속에 서는구나

카네이션

내가 기쁠 때
나보다 더 기쁜,
내가 슬플 때
나보다 더 슬픈,
내가 아플 때
나보다 더 아픈,
그러한 당신께 드리는 꽃

늘 불러도 그리운 이름
어머니

꽃무릇

동화의 나라

어버이날에 부치는 글

세상의 모든 어버이들이 행복한 날입니다
자식이 주는 기쁨이 큽니다
어리면 어린 대로, 크면 큰 대로
그들은 진정 무엇이기에 그토록 사랑스러울까요?
그것 또한 절대자의 신비인지도 모릅니다
나의 유전자가 흐르는 또 다른 존재
가슴에 달린 붉은 꽃만큼 환한 날에 축하를 나눕니다

코코넛

적도 부근의 불타는 태양은 야자수 나무를 높이 키웠다
누가 알았겠는가?
그 나무 꼭대기에 달린 나무 열매가 물을 담고 있을 줄이야…
그 뜨거운 열대지방에서 사람들의 목을 축일 물을 담아준 분은 누구일까?
달지도 않으면서 갈증을 풀어줄 만한 밍밍한 맛
두 사람이 충분히 갈증을 해소할 만큼의 양
그건 이 뜨거운 열대지방에서 살아가는 사람들을 위해 마련해 놓으신
그분의 지혜,
그분의 사랑이었다

사막 같은 세상 살아가면서 코코넛 같은 사람을 만날 때가 있다
갈증을 풀어주는 사람
그 배에서 생수의 강이 흘러넘치는 사람
그런 사람을 만날 때가 있다

 사실, 나도 그런 사람이 되고 싶다

앙코르와트 여행

행복한 이 가을에 꽃 시루떡을 그대에게 드립니다

꽃 시루떡

"떡자 씨"
는 막내딸이 나를 부르는 별명이다
할머니를 닮아
떡을 좋아하는 아들 재현에게
"떡현아"
부르니,
"나는 콩떡현인데요"
한다

떡현아
여기 떡 많다
네가 좋아하는 콩송편은 아니지만,
꽃 시루떡
한번 먹어볼까나

노래

랩처럼 빠르게 그러나 정확한 발음으로
속사포처럼 쏘아대는 10분간의 논문 발표
아내 자랑하는 박사남편 얘기 들으며
웃음 짓는 석사아내 너의 미소가 아름다워

저는 똘똘박사 김재현인데요
엄마가 쩰~ 좋아요
두 옥타브쯤 높다

할머니는 확실한 내 편
쬐끄만 손의 감촉,
쬐끄만 소현 발걸음도 동동

마루 미끄럼틀에 올라간 남매
나란히 낑겨 누웠다

김소현 여기서 살자
응
김소현 사랑해
응

김소현 잘 자
응

기도할 때마다
들려오는 그 집의
노랫소리

작은딸 민진 가족

1994 두 개의 크리스마스카드

해마다 이맘때 다시 태어나는
네 구주는
올해도 태어나셨는지?

싹 난 대나무는
5년 동안 자라지 않다가
5년이 지난 6주 동안
27미터 이상 자란다고 합니다
대나무처럼
어느새 훌쩍 커버린 민혜, 민진이
형수님의 주님에 대한 예찬이
더욱,
아름답고 존경스러운
크리스마스입니다

내가 사랑하는 이 두 사람은
세상이 감당치 못할 그리스도인들을
예의 주시하고 있다고 느낍니다

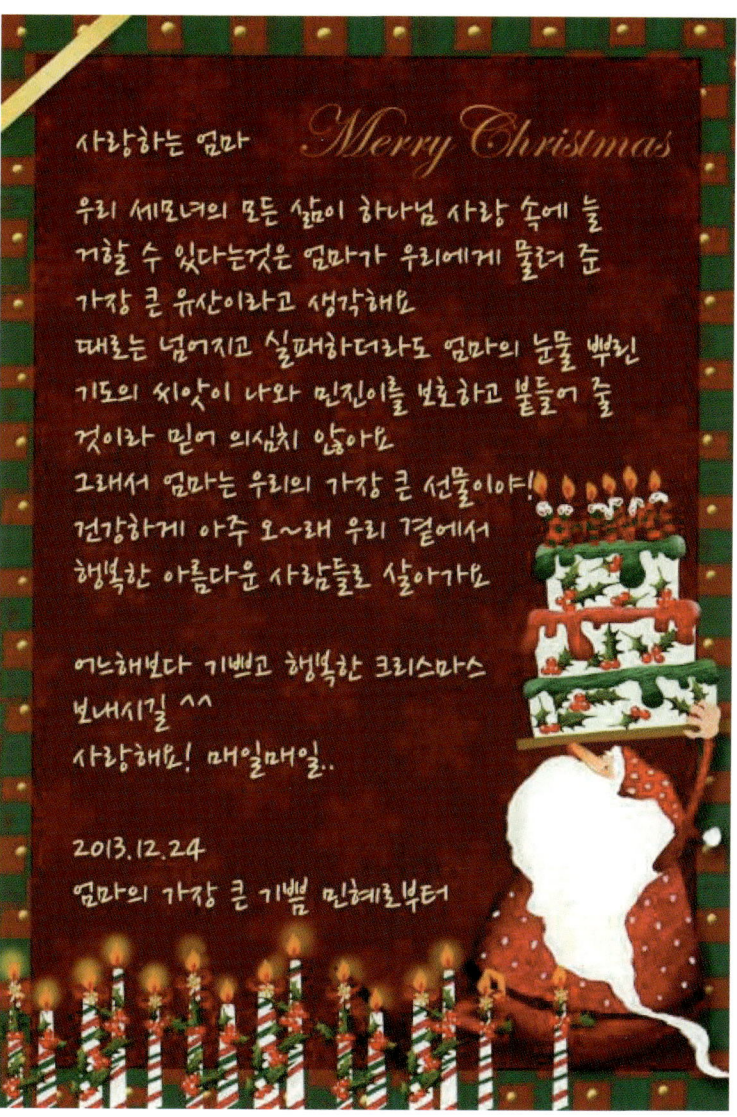

큰딸 민혜의 크리스마스카드

얼레지 삼남매

너희들이 온다는 날

단발머리 나풀거리던,

많은 세월의 다리를 건너

너희들이 온다는 날,

오월은 가득히 열리고
하늘에 맞닿은 나무들의 열기

은사시나무 언덕엔
은빛 물결로 쏟아지는 나뭇잎새
꼭대기로 꼭대기로 오르는 바람
하늘은 더없는 축제

너희들이 온다는 날

만남

소중한 나를 최고의 이상으로 되돌려 주며
그 앤 아름다움이었다
그 앤 내 속에 차오르는 노래

잠자던 내 의식의 포문

못다 한 노래들이, 그 웃음들이
아쉬움으로, 뒤돌아서는 보고픔으로 남아

온 누리에 행운이 가득하기를

전통찻집

카메라가 거부하는 또래 친구들
치열하게 살아온 날들을
앞에 놓고
겸손히,
대추차 한잔 마시는 날

여행

1.
멋쟁이 안성댁 사랑하는 나의 엄마, 이금자 여사
세상 그 어떤 아줌마보다도 아름답고
세상 그 어떤 부인들보다도 지적이며
세상 그 어떤 엄마들보다도 귀여운
나와의 여행에 맛 들리신 엄마
다음 주에 있을 여행에 또 한번 한껏 들뜨셨다

이탈리아

2.
이탈리아의 햇빛은 정말 뜨거웠다
민혜가 사준 양산 속 그녀는,
행복해 보이는 소녀 같은
내 안의,
사랑스런 나…
사람들은 열쇠고리를 구경하고, 썬그라스를 사고, 파인애플을 사먹고,
먼 나라들에서 비행기를 타고 와서는 우우 아이처럼 몰려다니고… 나는 즐겁다

피사의 사탑

3.
비행기를 타고 첫 기내식을 먹을 때부터
돌아오는 마지막 기내식을 먹을 때까지
"민진아, 고맙다. 잘 먹을게."
첫 월급으로 엄마에게 유럽 여행을 선물한 민진이는
이번 여행을 통하여
이십여 년 동안 엄마가 해준 밥을 다 갚은 것이다
오십대의 여자는 돈과 딸이 있어야 한다

스위스 융프라우요흐 등정

주혜에게

하나님이 알고 계신 작은 아이
주혜야
네 심장에 귀 기울이면
작은 시냇물 소리
살아 있는 네 피들이 움직여 간다
몇 바퀴를 돌아 어떻게
생명을 이루는지
우린 모두 몰라도
네가 거뜬해야 하는
이유는 안다
달음박질치며 하늘 높이
네 웃음이 싱그러워야 할
이유는 안다

방화수류정

우정

동산을 가득
그니의 명랑한 웃음
해맑은 이빨
시린 의태어로 채웠습니다

걸음마를 배우는 애기는
쑥을 캔다고 막대기를 들고 쫒아다니고
애기보다 몇 배나 큰 개들이 서둘러 달려와
서로 덤벼드는
그들의 사랑은 늘 그렇습니다

겨울 텃밭에 장작불을 지피고
별이 뜨기까지 앉아 있는 저녁엔
그 집엔 저녁밥이 없습니다
불꽃에 취한 채 잠든 밤엔
내내
이 동산 가득
그니의 고운 꿈이 떠다녔습니다

유난히 아린 봄이 목련화, 개나리로
화답하던 날

청산도

개나리 떼 쫑쫑쫑
악어 떼!
그 집을 떠도는 건 온통
노래

여전히 눈부신 해 뜸과
해 짐의
숙연함 속에서
우린 참 행복했습니다

그니가 가진 세상은
섬세한 숨소리
낮은 헤아림…

많은 말이 필요한 건 아닙니다

용비지의 봄

오월의 신랑

쏟아지는 오월에
순결을 깨뜨려 신부를 맞는다
저항 없이 부서지는 햇살이 눈부셔
잠시
뒤돌아 본 유년
눈물 없인 펼칠 수 없는 앨범과 함께
신부 가슴 속에 꿈을 묻는다

함께 이룩해갈 미래는
저 빛처럼 찬란함으로
우리의 모든 아픔조차 모두어 담아
진정
알지 못한 중에 당한 고난이 상으로 오는
오늘,
끝까지 면류관을 입는 그날까지
우리의 경주를 경주하리니

선한 열매
가득한 가정 되게 하소서
주님 발 앞에 무릎 꿇어
기도로 이루는 가정 되게 하소서

눈 오는 날

하늘 가득히 눈을 담아 두었다가
온 마을 가득
눈을 내리시는 이의 손길을 받으며
아침이 열렸다

"메리 크리스마스!"

아직 달력 저만큼 남아 있는
사랑하는 날을 부르며
내딛는 발걸음마다
다른 세상

"메리 크리스마스!"

만나는 이,
눈 덮인 산, 들판
모든 나무를 향해

"메리 크리스마스!"

머리 위에도 하늘하늘
옷깃에도 하늘하늘
웃음꽃 하늘하늘

친구의 사진 전시회

너는 일급수다
세상 어떻게 살아가니?

내가 뭘?
내가 왜?

너는 그래

난,
아름다운 너의 세계
너의 시선이 부럽다
친구

이금자

04

읊조리는 것마다 **노래가 되게 하는**
이상한 마법사처럼

작약꽃이 아름다운 팡시온의 새벽

두봉

장흥 사자두봉

여인의 유방을 몹시도 닮은,
안아주고 싶고
보듬어주고 싶고
그 젖무덤에 머리를 파묻고도 싶은
이 소도시에서는 어디든 문을 열고 나서면
벌써 눈앞을 막아서는

여인의 유방을 몹시도 닮은 봉긋함
젖꼭지까지 닮아
이 도시에서는
많은 시인이 태어났다고 한다

시 같은 건 필요 없다
여인이 보고 싶다
어린 시절 문득 손길에 닿았던
소녀 가슴의 감촉 같은,

여인을 처음 안은 날
허걱
숨이 막히던 여인 유방의 감촉 같은,

잘록한 허리에
가슴만 봉긋한 여인의 속살이
미치도록 그리운 날

용비지

저녁 산책

맑게 구름이 흐를 때까지
쪼그린 다리에서 쥐가 날 때까지
점점 어스름 속에 호수가 깊이 잠들 때까지
보호망 없는 철책을 넘나들어 나락으로 떨어져 뒹굴 때까지

하늘 보고 누운 풀섶 위에 노을이 지기까지
더 이상의 슬픔이 나를 가두지 않을 때까지
시인할 때까지
주홍글씨가 피 되어 흐를 때까지
밤으로 우는 새소리에 어둠을 가둘 때까지

김녕해변의 석양

양귀비꽃이 아름다운 양수리 물의 정원

애인

저녁 어스름
물보라 한 점 없는 강변에서
오늘 그녀와 화해했다
갑자기,
풍경이 되는 노을
평화가 되는 저녁
그녀는 내 볼 쓰다듬길 좋아한다
그녀 손의 감촉 같은 어스름이 내리고
나는
걷기도 하고
괜히 뛰기도 하면서
울컥 마른 침

사랑한다

은하수

공룡이 포효하며
별을 품어내는
밤

마침내,
루비콘강을 건넜다

묻지는 않았다
거기,

목숨을 건 사랑에 대하여

함백산에서 아름다운 은하수를 만나다

노을빛이 아름다운 인천대교 야경

연합

존재를 받는,
존재를 주는,
다함없는 갈망으로
채워지는 온 감각,
아름다움의 극대화,
확장성,
신비를 간직하는,
신비를 나누는
하나를 이루는
아무도 손댈 수 없는
가장 깊은 힘

이별 1

고맙다
는 그 말에
확
터진 눈물

그 말은 내가 하고 싶었지

견딜 수 있게 하는 힘

고맙다

가을 저녁

남평문씨 세거지에서

이별 2

아무렇지도 않은
일상 속으로
또
그렇게
힘내서 걸어가는 것

길에서 길을 묻다

내 습작의 독자는 한 사람으로 족합니다

아무도 손댈 수 없는 너의 무너짐
네 비련의 꿈 밭에 다녀와
수없이 무너지는 연습을 했다

…

설명은 다시 없었다

네 시선이 날아와 박히는
내 살갗 마디마디엔
굵은 피멍이 맺혔다

I'm still loving you

편한 옷을 입은 것처럼,
마치 어제 헤어졌던 것처럼,
오늘과 내일이 연결되는 것처럼,

공백은 없어져 버렸다

여전한 심장 박동

회귀본능이라 이름한,
낯설지 않은,
편안함까지

연장선상
I'm still loving you…

* 영화 〈첨밀밀〉의 "I'm still loving you"를 듣다가.

내가 너의 울타리가 되어 줄게

월천리의 새벽

그 바다

그니 한마디 말에 전속력으로 달려갔던
그 바다
그니 옆에 앉아 하염없이 바라보던
그 바다
쿵쿵 뛰던 심장을 받아주던
그 바다
알싸한 첫 입맞춤의
그 바다
몇 번이고 무작정 달려갔던
그 바다
마침내 그니가 열리고 한없이 빨려 들어간
그 바다
몇 번의 이별에도 말이 없던
그 바다
숙명처럼 속죄하고, 감사하고, 기도하고
그 바다

아름다운 세상

당신이 열어주는 세상이 있습니다
어느 순간 눈물이 차오르고
어느 순간 웃음이 터지고
어느 순간 황홀해지고
어느 순간 그녀를 당신에게 다 던지게 하는

당신이 열어주는 그녀가 있습니다
그녀는 아름답습니다
그녀는 사랑하게 만듭니다
그녀는 당신을 젊음으로 데리고 갑니다
그녀는 당신을 미치게 합니다

당신이 열어주는 세상이 있습니다
논리적인 생각이 뒷받침하는 그 세상입니다
따뜻한 가슴이지만 예리한 세상입니다
함께 헤쳐 나가야 할 세상입니다
그녀를 안고 가야 할 세상입니다

그녀가 열어주는 세상이 있습니다
숨죽여 가만히 들여다보고픈 세상입니다

빅토리아 연꽃

마음과 말이, 보드라운 살결이 따뜻하여
마냥 안기고픈 세상입니다
당신을 초대해 놓고도 멋쩍은 그녀
꼭 끌어안고 사랑만 하고픈 그 세상입니다

당신 말을 듣다가 울게 되는 그녀입니다
울면서 말하는 당신이기도 합니다
당신 말을 듣다가 웃게 되는 그녀입니다
큰소리로 웃는 날이 많아진 당신입니다

가을 초입

오늘,
하늘이 높아서
시가 써졌어요
일별도 주지 않는 당신만큼이나
더욱 멀어진 하늘

오늘,
시린 눈동자 가득 몰려 들어온 바람
그대 언저리 어디메쯤 늘 서성이는
나를 밀어낸 당신의 자리

우음도의 새벽

구절초 동산

남이 되기 위한 기도

정신없이 달려가다 문득 멈춰 서버린
숨막힘
아이리스 노란 꽃잎이 온통 잠을 몰아가고
죽기를 소원한 고통의 열병들을
끝마칠 시간 앞입니다

운 만큼 운 다음의 긴 흐느낌 같은
질긴 미련들을 버려야 함을 압니다
밖엔 지천으로 꽃이 피어올라 더욱
숨 쉴 수 없는 고통인 줄 나도 압니다

그 손짓 하나의 의미까지가
남으로 연습되어질 때까지
겪어야 할 고통은 그대로 남아 있어서
세상은 두려움이지만

"착한 아이야 여기 서 있으렴."
서 있으란 자리보다 달콤한 곳들을
이젠 넘나들지 않게 하소서

이별 연습

1.
눈발이 날린다
따뜻한 숲 언저리, 그대 가슴 저 끝까지
우리들, 아무런 열정조차 식어져
남 같은 언어와, 남 같은 시선과, 남 같은 느낌으로 다가서도 좋은
눈발이 날린다

그대 화려한 웃음 사이로
한없이 내가 스쳐 지날 때,

그때마다
이렇게…

아무것도 간직할 수 없는 이 시대의 눈발

2.
서걱대는 발걸음 위로 눈물이 흩어질 때,
거기 언 잔디 누워 있었다

절박한,

혼자라는 것이다
단지 살아남는다는 것

아무 대답이 없다

더 이상 슬픈 시는 쓰지 마
그렇게 언 잔디 누워 있었다

소양강 상고대

편지

안성에 다녀왔습니다
산기슭을 타고 내리는 봄빛도 여전하고
논두렁 태우는 냄새를 맡았습니다
한 남자의 일생에 지울 수 없는 상처도

춤추는 황매산 철쭉

그 속엔 있었습니다
과수원엔 전지된 가지들이
산더미처럼 쌓여 있고
사춘기 시절 수없이 자작소설에 등장했던
과수원 길도 거기 있었습니다
이른 봄을 뜯는 가시내들도 보았습니다
아무런 이유 없이
한 남자의 사랑을 받는다는
이유만으로 황당하게 돌아설 수 있었던
그 여자도 훨씬 서른을 넘겼습니다
무거운 격랑이 몇 번이나 지나
이제는 감당할 수 있는 어른이 된 것입니다

아무것도 돌이킬 수 없음을 압니다

그래도 끈질기게 봄은
생명으로 준비되고 있었습니다

콩깍지

콩깍지가
내게 왔다

걔는 그랬다
아무렇지 않게 말하는데
나는 흔들렸다

그때도 그랬다
30년 전

콩닥거렸던 젊은 심장이
다시
내게로 왔다

어디서 구했는지
그 애는
여전히
콩깍지를 쓰고 있었다

사랑이 익어가는 올림픽 공원

대전 장태산

메타세콰이어

유난히 아름다운 올해 가을
가을이 늦도록
숱한 밀어
흩뿌려진 웃음
그대와의 시간 여행

외계인의 사랑

세상은 다 그렇게 흘러가고
사람들 다 웃으며 같이 흘러가고
그 언저리 서성이며
당신을 사랑하는
일
내게는 눈물겹다

세상 연락의 질펀한 유혹 너머
말간 웃음 지으며
당신 사랑 내게 오는
길
내게는 눈물겹다

금개구리의 사랑

너

한 발자국도 앞으로 나아갈 수 없을 때
어느새 따라오던 따뜻한 동안
네가 많은 말을 가졌던 건 아니다

네가 떠난 이 겨울도
무수한 좌절이 나를 꺾어 무참히 버려질 때
무시로 만나지는 네 눈동자

독립기념관

이재석

01
행동하기 전에
생각이 많은 소년

해변의 축제

고향

한여름 밤의 칼국수

시골 우리집은 식구가 10명인 대가족이다
여름날 하루를 뜨겁게 달구던 태양이 서산으로 기울고
시골마을 뒷산에 황혼이 찾아들면
부엌에선 어머니와 할머니의 손놀림이 분주하다

큰솥 하나 가득 물을 데우시느라
땀 흘리시며 아궁이에 땔나무를 넣으시고

밀가루 반죽을 큰 둥근상에 펼쳐
몇 번을 접고 칼로 잘게 썰어
국수를 만드신다

애호박을 듬뿍 넣고 새우젓으로 간을 맞춘
칼국수가 완성될 즈음
온 식구들이 안마당에 깔아놓은 멍석에 모여
반찬은 시원한 열무김치 하나에도
꿀맛이다
할머니표 애호박 칼국수

두어 그릇씩을 비운 후에야
비로소 멈춘 젓가락질 후에
우리 모두는
어둠이 깃든 먼산 너머 하늘을 본다

깨알처럼 무수히 뿌려진 여름밤의 별무리
별 하나
별 둘
시골의 여름밤은 그렇게 행복에 젖어
깊어만 간다

수박 농사

아버지는 늘 수박을 심으신다
바다처럼 넓은 밭에
수박을 심으시고,
수박순을 잘라내시고
한 뿌리에 수박 한 개씩 남기신다

소년의 머리통보다 커진 수박들
어머니가 잘 익은 수박들을
골라 따시면
수박밭 이랑 사이에는
수박이 사열을 한다

멀리 길가에 트럭까지
수박을 들고 옮기는 발걸음이
무겁기만 한 소년
이내 숨소리가 거칠어져 간다
그런 전투는 종일 끝이 없다

지쳐버린 소년은
한 걸음 걷기도 힘든 상태이며

메밀꽃 필 무렵

무더운 여름날 황혼이
서녘하늘을 수놓을 때까지 이어진다

땀 범벅인 소년과 어머니는
에펠탑처럼 트럭에 높이 쌓여진
수박을 본다
하루의 피곤은 잊고
흐뭇한 미소만 남는다

등굣길 1
— 막걸리 마차

아침이면 개구쟁이 소년들은 막걸리 마차를 기다린다
노새가 끄는 네모난 커다란 막걸리 상자를 마차에 싣고
언제나 술에 취해 흥얼거리며 비포장 털털길을
유유히 다니는 꿈의 막걸리 마차

등굣길 모퉁이에서 재잘거리다
기다리다 지칠 때쯤이면 다가오는
소년들은 신이 나서
막걸리 마차를 따라나선다

노새를 모는 기분 좋은 아저씨는
반가이 소년들과 하나가 되어 즐거운
등굣길이 행복하다

막걸리 상자의 뒷면 수도꼭지를 틀고
조금씩 흘러나오는 막걸리를 마시며
세골고개를 넘을 때쯤이면
소년들은 술에 취해
마차 운전 아저씨와 같은 기분이다

다리는 조금 풀리고…
얼굴은 볼그레…
기분은 짱이야…
그나저나
선생님이 우리 술 챈 거 아시면
안 되는데~

가을길

등굣길 2
― 칼바람과 달리기

일곱 살 소년은 십오 리 등굣길이 즐겁다
세 살 위 막내 삼촌은 달리기 선수다
아이들이 모두 가버린 텅 빈 등굣길
보자기에 책을 두르고
어깨에 멘 채로 신발끈을 질끈 맨다

삼촌을 따라나선 소년은
앞서가는 삼촌을 따라 힘겹게 달린다
저 멀리 보이는 아이들을 하나, 둘, 셋…
따라잡아 앞서는 즐거움은
십리사탕보다 감미롭다
오늘은 몇 명 앞질렀냐?
삼촌의 질문에 웃으며 답하는 소년은
헐떡이며 가쁜 숨을 몰아쉬지만
마냥 즐겁다

해가 서쪽에 기울어
집에 오는 길은 너무나 멀다
세골고개를 넘어서면
온몸으로 마주하는 한겨울의 칼바람

겨울연가

소년의 여린 볼이 얼고
귀가 얼고
온몸에 뼈 속까지 스미는 찬 기운
눈물이 흐른다
단지
그냥 춥다

오늘도, 어제도, 내일도…
소년은 그래도 이 길을 가야 한다
등굣길이 즐거운 일곱 살 학생이니까
묵묵히…
너무나 추워서 눈물을 흘리며
칼바람에 맞서서

추위에 떨며
먼 길을 걸어 집에 오면
소년을 기다리는 것은
어머니의 따스한 품과
이불이 덮힌 띠끈한 아랫목
그리고 꿀보다 달콤한 호박고구마
이 모든 것이 마냥 행복하다

등굣길 3
— 낮잠

무더운 여름날
소년은 뜨거운 태양을 등에 이고
학교에서 먼 길을 걸어 집에 온다
땀에 쩔어 탈진해서
허기진 배는
신 김치와 짱아치 반찬에
보리밥을 물에 말아
후루룩 마시듯 먹는다

텅 빈 집에
피곤에 지친 소년은
높이 떠서
종다리 우지지는 소리에
하늘 한번 올려보곤
곧 잠이 든다

얼마가 지났을까?
종일 일하시고
들어오신 부모님 목소리에
잠이 깬 소년은

청보리밭

날이 밝아
아침이 찾아온 듯
어렴풋 황혼이 깃든 저녁에
화들짝 놀라
바삐 세수를 하고
책가방을 멘다

엄마~
밥 주세요
학교 가야지~
소년의 한바탕 소란으로
웃음꽃이 피고
시골집은 행복한 저녁 시간으로
그렇게 빠져든다

동대문

소년의 손에는 대학입시
응시 원서가 있다
전기입시에 실패하고
또다시 상경한 시골 소년은
동국대학교에 응시하고자 한다

수줍게 숙녀분께 길을
물으니
동대문으로 가는
버스를 타란다
퇴계로를 지나는

동대문
커다란 글씨가 있는
버스를 탔다
잔뜩 긴장한 채로

안내양이 말한다
동대문 내리세요~

월천리

그곳에 내려 보니
대학교는 없었다

커다란 대문과
바삐 다니는 차량과
수많은 인파들뿐…

아~
동대문이
동국대학교 정문이 아니네~

눈 내리는 겨울바다

바다는 겨울이 외롭다
얼음보다 차가운 겨울바다의 살결은
간질이며 즐기던 바람조차
몰래 깊은 산으로 숨는다

충주호반에서 겨울 악어 떼를 만나다

북쪽 음울한 기운의 회색빛 하늘이
겨울바다를 감싸면
하늘과 바다의 살결이 맞닿아 있다
하늘이 바다이고,
바다가 하늘이다

바다의 표면을 헤엄치는 먹구름은
흰 눈송이를 하나 둘 낳아 뿌린다

바다 위의 눈송이는 자신의 운명을 알아서 슬프다

포효하듯 울부짖는 겨울바다를 향해
내려앉는 흰 눈은
나비 날개짓보다 아름답게 보이려
너울너울 춤을 춘다

신의 영역에서 인간은
저 눈송이와 다름이 있으랴만
덧없는 삶에 집착하는 모습과 다르랴

찬 바다의 살결에 닿으면
형체도 없이 스러지는 흰 눈은
자신이 태어난 이유도 모른다
겨울바다에 흰 눈이 내리는 날엔
공허한 삶에 지친 영혼을 안고
한잔 술을 마셔야 한다

이재석

02
사랑할 가치 있는
삶을 위하여

홍매화

시월의 신부여

영롱한 눈망울을 깜박이며
한여름 새벽 별빛으로 태어나
사랑의 선물로 내 품에 안긴 나의 공주는

홍시가 붉게 익어가는 가을에
찬란한 보석이 되어
새로운 길을 떠나는 시월의 신부라네

어린 시절
손에 든 모두를 아낌없이
동생에게 주는 고운 아이
친구의 부탁을 거절 못하는 정 많은 아이
주어진 일에 열정을 다하는 아이

어린아이를 좋아해서
아이들이 잘 따르는
멋진 선생님이 된 지금

기쁜 선물로 와서
행복을 선사하고

보석이 되었으며
이제
한 떨기 여린 백합이 되어
순백의 웨딩드레스에
백조의 날개를 달았으니

나래 위에 꿈을 싣고
드넓은 세상을 향해
마음껏 날아라
세상에서 제일 멋진
백마 탄 왕자와 함께
둘이 하나가 되어

나의 공주여
행복한 삶을 살거라
순백의 시월의 신부여
이 세상에서
마음껏 꿈을 펼쳐라
이토록
수정처럼 아름답고

지혜롭기에

이 세상은 너희들의 것이며
오늘은 너희들의 날이다
축하한다
시월의 신부여~

결혼 사진

크로아티아 플리트비체

눈 덮힌 오스트리아 짤츠부르크 시내에는
사운드 오브 뮤직이 흐르던 알프스의 푸른 초원은 없다
천진난만하게 뛰놀던 소녀들의 웃음소리가
아련히 메아리칠 뿐

잔잔한 음악이 흐르는 코치의 차창 밖으로
융프라우의 거대한 봉우리는 흰 눈꽃 속에 갇혀 있으나,
터널을 몇 개 지나 다다른 이탈리아 북부의 한적한 도시에는
비가 내린다

비에 젖은 아드리아해의 회색빛 도시를 지나
크로아티아의 좁은 길에는 눈이 내린다
하염없이 내리는 눈은 푸른 나무 위에 쌓이고,
눈길을 달리는 코치의 창밖엔 순백의 세상이 반긴다

그 눈 속에 플리트비체가 있다
세상과 천상의 경계
백설공주가 우리를 맞으며
웃음 짓고 있을 것만 같은 그곳

온 세상 가득 흰 눈이 아름다워
눈 덮힌 나무들이 멋져서
그 속에 묻힌 마음들이 이뻐서
모두를 품고 안개처럼 폭포는 흐른다
하늘의 구름들이 천천히 녹아서
밝은 태양이 수줍은 물방울은 폭포가 되어
오늘도, 내일도, 한없이 땅으로 숨는다

플리트비체엔 새하얀 영혼들만 산다
하늘엔 흰 구름
대지엔 순백의 눈꽃이 피고
그 위에 흰 이를 드러낸 함빡 웃음만이 있을 뿐

양떼목장의 겨울

삽교천

황혼이 물들면
함상공원은 바다 위에
두둥실 떠오른다

만선

공원 난간에 서면
오색무지개 창연한
구름 위를 거닌다

사랑이 시작되는 그곳엔
정열이 숨 쉰다

바다와 뭍의 경계에서
긴 세월 숨죽여 온 사랑은
삽교호의 넘실대는 여울 속에
익어만 간다

그렇게
전설은 시작되었다

스물 즈음의 웃음보따리
이런 밥…
이런 말…
이런 웃음…

고맙다

소양강 상고대

나의 기도

내 사랑하는 사람이

바라보는 곳에
아름다움만을 비추시고

내 자신보다
더 당신을 사랑하는
사람에 의하여

하루하루 더없이 행복하게
살게 하여 주시고

당신에게
넘치는 행복
다 담을 수 있도록
큰마음 주시고,

살면서 생기는
모든 아픔들
하룻밤 꿈처럼
지울 수 있게 하시고

내 사랑하는
사람을 위하여
날마다 기도로
살게 하소서

그리움

내 안에 너 있다

바다 바람 솔솔 불어
얼굴을 간질이고
뜨거운 태양이 바다에
쏟아지니
눈이 부셔
세상을 가는 눈으로 보도다

내 마음이 행복하나
아련한
바다와 뭍의 경계에서
산들바람에 내 마음 돛단배
띄워
당신과 나를 싣고
두둥실~
바다를 떠가네

우리 사랑은
저 하늘 뭉게구름 타고
휘~얼 훨~
꿈처럼 하늘을 나르며
내 마음
당신이 있는
먼 바다를 향해 가도다

우리는

우리는
봄날 오후 높은 하늘에
종다리 우지지는 들판에서
밀알 구워 먹던 깨복쟁이 친구

우리는
크리스마스이브 음악방송 디스크에 묻혀
한잔 술을 마시며 청춘을 노래하던
우정과 사랑의 경계인

우리는
긴 세월 먼 길을 돌아 고향에 온 듯
어제 본 듯 밝은 미소로
다가갈 수 있는
그런 사랑

우리는
천년이 지나도
변치 않을 마음으로
내가 은행나무 침대 되어
당신이 편히 쉴 수 있는
쉼터가 되리

사랑해요

파랑새

어젯밤
당신 생각에

온밤
잠 못 이루다

겨우
잠들었을 때

행복한 꿈을
꾸었죠

나는
한 마리
파랑까치 되어

아름다운 제주의 주상절리

당신이
지어 놓은

호수 위를
쉼 없이 날다가

당신의 마음인
잔잔한 수면 위에

당신의 고운 마음을
살짝 어루만졌어요

솜털처럼 보드랍고 향기로운
그 마음

당신 마음속에 쉬고 싶다

내 영혼이 쉬고 싶다
푸른 초원 같은
당신 마음 가운데

풀잎처럼 보드라운 속삭임
가슴으로 들으며

마냥 뒹굴어도 좋을
초원 같은 당신

세상 모두 잊고
당신 품에 쉬고 싶다

사랑한다는
다정한, 달콤한
한마디 말이 듣고 싶다

동행

눈 감아도 당신 향해
눈 떠도 당신 향해
내 마음의 빗장을 연다는 건

나의 행복이요
기쁨이요
희망인 것을…

당신은 사랑의 천사

나는 도시의 나그네
삭막한 빌딩숲 사이에 바바리코트 깃을 세우고
거친 세상을 헤매는 이방인

나의 마음은 황무지
지친 영혼을 안고 늦은 밤 포장마차에서
한잔 술을 기울이고 골목길을 비틀대는 공허한 공간

당신은 천사
사랑의 향기를 나에게 가져다준
사랑의 천사
메마른 내 가슴에 따스하게 찾아와준
당신은 사랑의 천사

거친 대지를 적시며
아낌없는 사랑으로
황폐한 내 마음에 사랑나무를 키우는
당신은 천사

우린 서로의 사랑으로 크는 나무

사랑의 샘물에 하루를 살고
당신이 뿌린 사랑의 향기에 취해

또 하루를 살고
어느새
무더운 여름날 그늘을 만든
사랑나무
천년이 지나도 무성할 사랑나무는
우리 몸이 재가 되어 허공에 뿌려져도
세상 어딘가에서 자라고 있으리

여심

장화리 오메가

그날

쾌청한
가을날 저녁
우리 손잡고
바닷가를 거닐자

사랑하는 당신의 향기
그 온기를
가슴 가득 심호흡하여
나의 온몸 구석구석으로 퍼트려

마침내,
당신과 나는 하나가 된다

노을이 깃든 바다의 붉은색으로
나의 가슴은
당신의 립스틱처럼 타오른다

꽃보다 어여쁜 당신
— 풀꽃

너는 풀이지?
아니…
꽃도 피어나네
그것도 이쁘게
풀꽃~
너 자세히 보니
무지 아름답고나

그치만
내 사랑 당신은
꽃보다 아름다운 여인

한여름
더위 속에도
비바람을 견디며
긴 나날 아름다움을 뽐내는
백일홍보다
천배는 더 오래, 더 이쁘게
내 곁에
피어나리

자기야 사랑해

이
금
자

수필
친구들 이야기

루드베키아

친구의 책

　월간지라는 것은 한 달에 한 번, 일정한 분량의 책을 발행해 내야 하는 것, 그것은 독자들과의 약속이다.
　꾸준함, 성실함, 참신함 그것은 잡지의 특장이라 생각한다.
　실로 사십 여 년 만에 만난 초등학교 동창 친구가 잡지를 만들고 있다고 했다. 친구를 만난 며칠 후 친구가 본인이 발행한 책이라고 하면서 책을 보내왔다. 처음 『건축세계』 월간지를 받아들고 깜짝 놀랐다.
　이렇게 고급지고 멋진 책이 있다니?
　페이지를 넘기면서 보는데 계속 감탄사가 절로 나왔다.
　한 페이지, 한 페이지 건축물 사진 하나하나, 설계도까지 상세하게, 그 건축물을 지은 건축가의 소개와 작품의도까지⋯.
　이건 보통 건축을 사랑하는 사람이 아니면 결코 만들 수 없는 책. 정성과 사랑, 전문성과 심혈을 기울인 편집⋯.
　친구가 만든 책이라서 더 그랬을 것이다.
　감동의 물결이 밀려왔다.
　내가 십여 년 전 공인중개사 사무실을 시작하면서 이런 글을 썼었다.

"세상에 단 하나의 지번을 가진 땅,
백년대계를 꿈꾸며 지어지는 건축물…
참으로 행복한 부동산입니다."

그 당시 나는 부동산의 매력에 빠져 있었다.
친구가 만든 책을 보면서 생각했다.
이 친구도 건축의 매력에 사로잡혀 있구나.
건축물을 찍고 건축가를 만나고, 그들의 정신과 사상을 담아내고, 삶을 누릴 편리성과 구조까지 그려 보고자 애쓴 흔적….
그 모든 게 감동이었다.
나는 물론 건축물을 중개하기는 하지만, 건축과는 전혀 다른 분야에서 일하고 있는 공인중개사일 뿐인데도 『건축세계』 책을 보면서 창의적인 아이디어가 마구 샘솟는 것을 느꼈다. 그건 떨림이었고, 신선한 충격이었다.
다음 인용문은 『건축세계』에 실린 하얼빈의 오페라 하우스에 대한 글이다.

하얼빈의 습지에 시공된 하얼빈 오페라 하우스는 북부 도시의 길들여지지 않은 야생과 몹시 추운 기후의 힘과 정신에 대응하여 설계되었다.

시처럼 쓴 이 멋진 한 문장만 읽어 봐도 건축가가 어떤 정신과 안목으로 건축물을 설계하고 건축하는지 엿볼 수 있었다.
『건축세계』이 책은 나를 한없이 겸손하게 만들었다.

유채꽃과 함께 하는 한라산

'백년대계를 꿈꾸며 지어지는 건축물'

　내가 쓴 이 글은 쉬운 문장 하나였지만, 건축가들은 건축물 하나를 짓기 위해 그 지역의 기후와 토양, 그에 따른 건축자재와 설계도, 설계미학, 자연과의 조화 등등을 생각하며 얼마나 심혈을 기울이는지 나로서는 가히 짐작조차 할 수 없는 일이었기 때문이다.
　인터넷과 미디어, SNS 등의 빠른 매체들에 밀려 활자화 된 잡지가 잘 팔리지 않는다고 들었다.
　그러나 한 달, 한 달 비지땀을 흘리며 펴내 놓는 친구의 이 귀한 책.
　독자들이 더 많아져서 더 많은 독자들에게 영감을 주고 결실을 주는 실제적이고 구체적인 책이 되었으면 하고 간절히 염원해 본다.

　어린 시절 『어깨동무』는 환상적인 월간지였다.
　시골에 살던 나에게 그것이 어떤 루트를 통해서 내 손에까지 와서 읽혔는지는 잘 생각나지 않지만, 매달 『어깨동무』에 나왔던 만화가 있었다.
　사람의 머리에 포도나무가 자라나는 괴기 만화였다.
　얼마나 무서워하면서 그 만화를 봤는지 꿈도 여러 번 꿨다.
　그러면서도 밝고 환한 아이들이 활짝 웃는 사진으로 장식된 책표지의 『어깨동무』 새 책을 받을 때면 언제나 그 만화부터 보았다.
　중고등학교 때는 『학원』이라는 잡지를 보았다.
　만화는 달달하고 사춘기 소녀 맘을 흔들어 놓곤 했다.
　거기에서 뽑는 신춘문예 등은 나를 설레게 만들었고, 코스모스를 보면서 시를 써보곤 했다.

연재소설을 보면서 다음 호를 기다렸다.

그 책과 함께 사춘기를 보낸 듯하다.

잡지는 어른이 되어가는 나에게 가장 손쉽게 접할 수 있는 책이었다. 문학, 문화, 신앙, 패션, 미용, 화장, 연예계 소식, 영화 이야기, 사랑의 스킬 등등….

새 소식과 새 지식으로 가득 찬 잡지는 다양한 볼거리, 읽을거리를 풍부하게 제공하며 나를 키워냈다.

특히 은행 창구에 가서 읽는 여러 여성잡지는 패션, 유행, 여행,

『건축세계』 사무실에 모인 친구들

음식 등등 볼거리로 가득 차서 가난한 나를 눈 호강시키고, 대리 만족시켜 주는 가장 훌륭한 매체였다.

잡지의 미래가 불투명하고 불안하다고 하다.

잡지 가족은 많다. 그들은 사명감과 전문성을 가지고 글을 쓰고, 사진을 찍는다. 미디어를 통해 다양한 정보들이 넘쳐나는 세대를 살고 있지만, 한 분야에서 10년, 20년 이상 전문적으로 축적된 잡지의 정보는 무궁무진한 자원의 보고다. 나는 잡지 가족들이 추락하고 있다는 잡지 산업의 이 난관을 헤치고 건승하기를, 그래서 더 많은 사람들에게 새 지식과 새 희망, 새 영감을 불어넣어 주기를 간절히 바란다.

또한 우리나라의 뛰어난 잡지가 세계 각국으로 수출되어 한류의 열풍이 잡지 분야에도 불었으면 좋겠다.

귀한 친구의 책을 받아들고 이런 글을 쓰면서 잡지에 대한 기억을 더듬다 보니 새삼 행복해진다.

영현이의 첫사랑

마침내 나는 울고 말았다.
처음으로 2반 여자애들이랑 포크댄스를 하는 날.
나는 면장 딸 그 애와 짝을 하고 싶었다.
선생님은 나에게 다른 애와 짝이 되게 한 것이다.
6년 내내 반장만 하며 절대적으로 내 편이라고 믿었던 선생님인데 미웠다.
포크댄스 연습이 끝나고 선생님은 처음부터 끝까지 울고 있는 나를 교무실로 부르셨다.
진짜 처음으로 엄청 혼났다.
나는 단지 면장 딸 그 애랑 짝이 하고 싶은 건데….
그 말은 못하고 울기만 했다.
선생님은 우는 나를 자전거에 태워 안성 읍내로 나가셨다.
읍내 중앙에 있는 광신극장으로 데리고 가셨다.
"Sound of Music"
와~~~!!!
멋지다.
시골소년의 가슴에 확 퍼졌던 음악
그리고 너무나 아름다운 영상

양귀비꽃

그것은 아마 내가 언론사에서 일할 수 있었던, 다른 일을 하고 있는 지금도, 아니 내가 살아 있는 동안 나를 꿈꾸게 하는 내 영혼의 태동이 되었는지도 모른다.

그나저나 세월이 이렇게나 흘러 몇십 년 만에 초등 동창회가 조직되었지만 여전히 면장 딸 그 애는 만날 수가 없다.
여자반장 또 이 애, 저 애를 통해 보동리 애들 접선을 부탁해 보지만 그 애는 여전히, 오리무중이다.

아마 언젠가는 꼭 그 애에게 이 얘기를 하고 싶긴 하다.

재석이의 몽정기

1.

"얘들아~~ 봤다, 봐어~~!!"
"무슨 색깔이니?"
"빨강이야 빨강."
교실은 흥분이 고조되었다.
"와!! 빨리 닦자. 또 다른 선생님 지나가실 거야."
몽당 초를 복도 마룻바닥에 잔뜩 묻히고 광이 나게 마른걸레로 문질러댔다.
오늘은 확실히 수확이 있는 날이었다.
최 선생님이 광낸 마룻바닥에서 넘어져서 어떤 애가 팬티 색깔을 본 것이다.
우리 반에서는 마루를 광내는 일은 매우 중요한 일이었다.
소년들은 소리 없이 열심히 마루를 광내고 있었다.

2.

그날 당번을 끝내고 늦게 나 혼자 소마니 고개를 넘어가고 있었다.
'이크~'
고개 중턱에서 느리재 여자애들이 널빤지를 기타처럼 딩딩거리며 놀다가 나를 불렀다.
"재석아, 이리 와."
순식간에 여자애들이 나를 빙 둘러쌌다.
나는 걔들이 어쩌자고 하기도 전에
"이것들이~~~!"
하면서 손을 휘둘렀다.
어떤 애 가슴 언저리에 내 손길이 닿았다.
"아얏!"
그 애가 가슴을 안고 주저앉았다.
"괜찮니?"
하면서 여자애들이 그 애에게 모여 설 때 나는 삼십육계로 줄행랑을 쳤다.
그날, 처음으로 닿았던 여자 가슴의 그 감촉은, 내내 내 손끝에 남아 있었다.

3.

 한 번도 같은 반을 한 적도 없고, 여자들 반 2반 애들에게 유일하게 관심을 표현하는 한 가지 방법은 고무줄 끊기였던 그때….
 느닷없이 여자애들이랑 짝을 지어 포크댄스를 한다는 것이었다.
 여자애 손을 도저히 잡을 수가 없었다.
 조그만 막대기를 주머니에 넣고 갔다. 막대기 한쪽은 내가 잡고, 한쪽은 여자 짝에게 잡으라고 했다.

가을 향기

못자리가 잘되면 한 해 벼농사는 끝난다고 하잖아?
우리들 영혼의 못자리는 대덕초등학교 33회.
친구들이 있어서 가능했던 모든 일이라고 생각해.
고맙다.

해 설

포에지와 렌즈로 통찰한 존재인식과 영혼교감의 서정적 미학

— 3인 사진시집 『수채화처럼 시가 되는 풍경』 서평

최병영(시인, 문학평론가)

　시인의 영혼은 순결하고 진솔하다. 시는 시인의 영혼이 구현하는 사상과 철학, 내면적 자의식을 담아내는 도자(陶瓷) 그릇이다. 도자의 형태와 문양이 다양하듯이 이에는 시인의 다양하고 심층적인 영혼의 순결성을 담아내야 한다. 좋은 시는 문학적 가치가 있고 함축적 언어, 비유와 상징, 철학적 정신, 운율과 이미지, 주제가 선명한 시로 요약할 수 있다. 시는 영감과 인내의 소산이다. 시의 표현에 있어 언어는 최소화하고 의미는 극대화해야 한다.
　현대시의 발상이나 작품에 투영되는 주제는 대체로 그 시인의 삶의 궤적(軌跡)에서 회상된 상상력을 새로운 이미지로 창출하는 경우가 많다. 이는 시인들의 의식에 항상 존재하는 중대한 사유가 현실적 실생활과 접맥하여 야기되는 의식의 흐름을 융합함으로써 새로운 지적 가치관을 창출한다. 폴 발레리는 '시의 첫 행은 신이 시인에게 주는 것이고, 그 나머지는 시인이 찾아 써야 한다.'고 했다. 릴케는 시의 첫 줄을 잡기 위해 14년을 기다렸다고도 했다. 한 편의 시는 절대적인 혼의 투영과 재능으로 일궈내는 예술이다. 시는 뛰어난 선천적 영감과 더불어 시인 자신의 피나는 노력으로 결실된다.

금번에 상재(上梓)한 3인 사진시집『수채화처럼 시가 되는 풍경』은 작품과 피사체가 어우러져 수채화와 같은 한 폭의 아름다운 정경을 창출한다. 가지런히 정제된 시가 아름다운 피사체에 날개를 달고, 구도와 색채미학으로 터치한 피사체가 시에 날개를 달아 함께 비상하는 상승효과를 이루어낸다. 상재한 시집은 시와 사진이 함께 어우러져 작품의 예술성을 극대화하는 상보적 관계를 형성하고 있다.

1. 존재와 종교 및 자연의 따뜻한 교감, 그 피사체의 자아표상

이금자 시인의 작품은 시 전반에 걸쳐 세 가지 양상을 특징으로 하고 있다. 이 세 가지 양상은 작품들이 때로는 개체적이고 독립적인 의미로 존재하고, 때로는 다수의 작품이 하나의 의미로 결합하여 융합함으로써 드러내고자 하는 주제의식을 강화하는 효과를 얻는다. 첫째 양상은 대다수 작품이 종교적 경건성과 영적 이상을 모토로 하여 작품의 고차적 질감을 형성하고 있는 점이다. 이는 전체 작품 70편 중 절대자, 기도, 당신 등을 표방하거나 내면적으로 유사한 성격을 지니는 종교적 작품이 전체 작품의 1/3에 이르고 있다. 이는 지배적 심상으로 종교적 기구(祈求)와 헌신, 염원 등의 양상을 담고 있다.

안개 낀 날/ 내 창문 밖에도 아침이 열리고 있습니다/ 갖가지 새들은 제 모양으로 아침을 맞고/ 나무들 사이에서 떠오르는 태양은 눈부십니다/ 또 하루를 허락하신 당신님을 바라보며/ 기뻐합니다// 내 창 안 가득히/ 당신님의 햇빛을 받겠습니다/ 구김 없이 부서지는 이 포말의 빛줄기 속에서/ 당신님의 사랑하심이/ 그 푸른 하늘에 당신님이 계심이/ 내 시린 볼을 타고 내리는 이 눈물 속에도/ 가득히 당신 계심이…

—「대림동산에서 3」 전문

이금자 시인의 작품에서 '대림동산'은 일련의 작품 군을 이루고 있다. 위의 「대림동산에서 3」은 시적자아가 절대자와 합일의 경지에서 일체화된 모습이 관심을 끌어간다. '당신'으로 표상되는 절대자는 이 세상을 창조하고 운용하는 주체로서 완벽한 찬양의 대상으로 인식된다. 절대자가 존재하기에 찬란한 태양에 의해 아침이 열리고 만물이 존재하는 근원임을 명징하게 밝히고 있다. 이런 의식의 발현은 줄곧 제반의 시에서 기반과 골격을 형성하며 다른 시로 전이되어 일반화되고 있다.

- 이런 평화와 안식이/ 내내 이 마을에 흘렀으면 좋겠다 (「대림동산에서 2」)
- 가을빛처럼/ 따습게, 따습게/ 영혼을 뉘게 하는/ 아무런 말없이도/ 전부를 받아주는 그 빛 속에 (「가을날」)
- 또 하루를 허락하신 당신님을 바라보며/ 기뻐합니다// 내 창 안 가득히/ 당신님의 햇빛을 받겠습니다 (「대림동산에서 3」)
- 속죄의 순결한 피로/ 어두운 나를 씻으소서 (「4월 묵상」)
- 죗값을 치러 주신/ 예수님의/ 피 값 (「값」)
- 모든 고요가 기도가 되어,/ 단단해진다 (「새벽기도길」)
- 다윗이 못다 부른 노래 찾아/ 시인 되어 살겠습니다 (「축하 화분」)

- 사람들은 온갖 재롱을 부리며/ 주님 앞에서 놀고 있었다 (「대천 앞바다」)
- 그 주님 주신 복으로/ 많은 복 나누며 (「사람이 시(詩)다」)
- 당신님의 오월에 나의 안부를 끼웁니다 (「오월의 편지」)
- 주님 사랑합니다/ 또 사랑해 주시니 감사합니다 (「봄날」)
- 이하생략

비 오는 아침은/ 벌써 시작되었는데/ 여기 정적 속에/ 새들은 어떻게 몸을 숨기나// 비로소 비가 개였고/ 작은 새들이 먼저 움직이는 소리가 났다
— 「대림동산에서 1」 전문

흐린 저녁/ 집 앞 마당에 모닥불을 지폈다/ 연기는 바람 부는 쪽으로 아무렇게나 흐르며/ 알밤과 감자는 모닥불 속에서 잘 익었다/ 이런 평화와 안식이/ 내내 이 마을에 흘렀으면 좋겠다// 혼자 눈물 흘리는 날의 별들은 더욱 반짝이고/ 그래도 혼자이지 않은 이런 고적함이 난 좋다// 들꽃으로 방을 장식하고,/ 갈대와 찔레꽃도 한 아름 꺾어 왔다/ 이런 한산한 저녁/ 내내 이 마을엔 이런 공기가 흘렀으면 좋겠다
— 「대림동산에서 2」 전문

앞의 시 「대림동산에서 3」에 비하여 「대림동산에서 1」과 「대림동산에서 2」는 작품의 주제의식과 표현양상이 확연히 달라진다. 작품 「대림동산에서 3」이 절대자와 시적자아가 입체적으로 조화되어 절대자에 대한 찬양을 노래하고 있다면, 「대림동산에서 1」에서는 시적자아의 시선과 의식이 생명에의 존중으로 옮아간다. 비 오는 날 정적 속에서 비를 맞

고 있을 새의 존재에 대한 생명의 안타까움을 표방하고 있다. 이는 곧 비가 그치고 작은 새의 움직이는 소리를 들으며 비로소 안심하는 시적 자아의 심리적 안정감이 비쳐진다. 비라는 부정적 이미지와 새로 대유 (代喩)되는 생명체에 대한 애정이 작품의 기반을 형성하고 있다. 이금자 시인이 지니고 있는 박애정신과 휴머니즘이 물씬 풍겨나는 작품이다.

시 작품 「대림동산에서 2」에서는 마당에 모닥불을 지펴놓고 알밤과 감자를 굽는 아늑한 정경이 묘사되고 그런 평화와 안식이 좀 더 널리 확산되기를 염원하는 시적자아의 소망이 발현하고 있다. 이는 "눈물 흘리는 날의 별들은 더욱 반짝"인다는 깊은 시선으로 파악한 통찰적 인지개념을 제시하고 시적자아는 혼자이지 않고 더불어 사는 세상을 소망하는 의미표현으로 주제의식을 강화한다. 들꽃으로 방을 장식하고 거기에 갈대와 찔레꽃도 한 아름 꺾어왔다면 분명 시적자아가 살아가는 세상은 순박하고도 아름다울 것이다.

둘째로는 시적자아가 자연과의 동화된 모습을 견지하고 있는 사실이다. 자연은 존재 자체가 이미 숭고한 문학이다. 사실주의가 있는 그대로의 현실을 묘사, 제시하고자 하였다면 자연주의는 대상을 자연과학자 또는 박물학자의 눈으로 분석, 관찰, 검토, 보고하는 데에서 비롯되었다. 이는 모든 자연현상은 과학적으로 논증될 수 있다는 철학의 한 분파를 설명한다. 또한 개인의 운명은 자유의지가 아니라 유전과 환경에 의해 주로 결정된다는 것을 강조하면서 인물에 대한 과학적 접근을 발전시킨 문학의 학파를 설명하기도 한다. 그 결과 자연주의 작가들은 인물이 어느 정도 야만적인 속성을 가지고 있다고 설정하면서 개인을 내적 혹은 외적 힘의 희생자로 그린다. 자연주의는 예술에서 그 개념이 결정적으로 일반화된다. 시는 삶의 체험을 상상을 통하여 내부에 농축함으로써 내재된 대상을 재구성하고 재해석하는 일련의 작업이다. 이금자 시인의 작품 「조깅」은 시적자아가 새로이 소생하는 자연에 대한 외경심과 함께 싱그러운 자연 속에서 누리는 일상의 충만한 행복감을 노래하고 있다. 이는 시적자아가 표방하는 자연에 대한 예찬과 더불어 생명에 찬 봄의 정경에 흠뻑 젖어드는 정황이 잘 묘사된 작품으로, 시적요소가 두루 구비된 노래의 절창이라 할 만하다.

겨울을 이겨낸 꽃망울의/ 터짐 위에/ 웃음꽃 환히// 초록으로 일어서는 잔디 위에/ 빠른 달음질// 잔디들 연초록으로 일어서다,/ 뛰어가도 뛰어가도/ 언덕배기 가득한 잔디 위에/ 봄이 나리다/ 생명으로 다가선 봄빛에/ 나,/ 젖다

—「조깅」 전문

이금자 시인은 작품 「조깅」에서 봄에 대한 예찬을 진솔히 노래하고 있다. 겨울은 모든 생명체에게 고통과 시련의 계절이다. 겨울이 지니는 회색빛에 투영된 정서는 우울하다. 봄은 동토의 극한적인 추위를 극복하고 움튼다. 꽁꽁 언 얼음장 밑으로 흐르는 물소리를 따라 봄은 생성된다. 그러기에 모든 생명체가 생의 활기를 찾는 봄은 더욱 소중한 것이기도 하다. 시적자아는 어느 날 조깅에 나섰다가 한겨울을 이겨낸 꽃망울과 조우한다. 꽃망울은 혹한의 아픔과 우울을 떨쳐내고 한껏 웃음까지 머금었다. 봄은 초록으로 일어선다. 대지를 뛰어가도, 뛰어가도 봄은 다시 활기찬 생명으로 소생하여 시적자아를 적신다. 작품의 결미에서 처리한 "생명으로 다가선 봄빛에/ 나,/ 젖다"는 표현은 이금자 시인이 엮어낸 시 중에서 단연 압권인 대목이다. 시인은 언어의 연금술사

이다. 함축성을 지닌 이 짧은 시행은 전율을 느낄 만큼 전체적으로 시를 압축하여 단단히 조임으로써 시의 생명을 봄처럼 승화시켜 준다.

이금자 시인은 자연에 대해 각별한 관심을 가진다. 시인은 봄이 "초록과 빨강을 입고" 일어서며 "세월의 여백이 렌즈처럼 좁아져 오는 것"도 같아서 고향에 대한 향수에 젖기도 하고, "꽃들은 더 신나서 방긋거려" 행복한 꽃길을 걷기도 한다. 비 오는 아침에 정적 속의 새들을 걱정하다가 "비로소 비가 개였고/ 작은 새들이 먼저 움직이는 소리"가 나기에 안심한다. 겨울을 이겨내고 길을 가득 메운 개나리에게서 "요란한 행진곡 소리"와 "눈부신 4월을 듣는" 순수한 감성을 한껏 드러내 보인다.

햇살이/ 이 동네만 쏟아지는 것 같아/ 송구했습니다
―「은총」 전문

아무렇지도 않은/ 일상 속으로/ 또/ 그렇게/ 힘내서 걸어가는 것
―「이별 2」 전문

단시(短時)는 흡인력이 강하다. 짧은 형태와 절제된 언어와 명시된 정황이 모든 시적요소와 시적감각을 빨아들인다. 이금자 시인의 단시들이 그러하다. 상재하고 있는 3인 사진시집 『수채화처럼 시가 되는 풍경』에는 유난히 이금자 시인의 단시를 많이 게재하고 있다. 이 작품집이 예술사진으로 구현하는 자연에 대한 다양한 장면들을 포착하고 있기 때문에 이에 조화되어 어울리는 단시 작품의 수록은 필연적이라 하겠다. 시도 한 장의 사진처럼 시적상황과 정경을 의미 있게

터치하여 일목요연하게 그려내야 하는 정황의 특수성이 작품집의 근원적 바탕을 이루고 있는 것이다. 시도 잡다한 군더더기를 털어내고 간결 명확해야 피사체의 이미지와 조화될 수 있기 때문이다.

작품 「은총」에서 시인은 간절히 햇살이 온 동네에 쏟아지기를 소망한다. 그리하여 '은총'이 세상 사람 모두에게 골고루 퍼지기를 간절히 염원하나 그렇지 못한 현실을 매우 안타까워한다. 시인이 신념으로 지니고 있는 다사로운 이웃사랑 정신이 명료하게 드러나는 작품이다. 시 「이별 2」에서는 이별에 대한 일반적인 통념을 탈피하고 의미의 역발상을 드러내는 표현이 눈길을 끈다. 이별이라는 슬프고 충격적인 특수상황은 결국 '아무렇지 않은 일상생활 속으로 힘내서 걸어가는 것'이다. 이별의 슬픔과 아픔도 시간경과와 시적자아의 노력에 의해 언젠가는 아무렇지 않게 치유될 것이다. 그러기에 이별이란 순간적인 것이고 일상생활 속으로 힘내서 걸어가기 위한 것일 뿐이다. 이금자 시인의 이런 단시와 시적정서는 「노을」 「벚꽃」 「은하수」 「이별 1, 2」 「새순」 「너」 등 일련의 작품으로 이어지며 시인 특유의 조곤조곤한 어조로 개성적 의미를 창출하며 시맥을 이어간다.

셋째로 가족 간의 밀밀한 사랑을 들 수 있다. 가족은 언제나 주체와 주체 삶의 버팀목이고 견고한 바람막이로 울타리를 이루며 든든한 응원자의 자릴 지켜준다. 이러한 가족 간의 따뜻한 사랑이 이금자 시인의 작품마다 그대로 농축되어 포근하게 형상화되고 있다. 사진시집 『수채화처럼 시가 되는 풍경』을 펴내며 첫째 딸 민혜, 둘째 딸 민진이 성원하는 〈축하의 글〉에서도 이런 가족 간의 정감 어린 정서는 실체를 드러내고 있다. 첫째 딸 민혜는 엄마의 글에 대하여 "화려하거나 요란스럽지 않더라도 모든 삶 속에 진실된 감사의 마음이 담겨진 글"이라고 진단하면서 "또르륵 떨어지는 이슬방울 같은 맑음이 있다."고 술회하고 있다. 글의 질감에 대하여 예리한 감각적 촉수를 지니고 있음을 보여주는 대목이다. 비유적인 수사법을 동원하는 표현력과 문장력도 대단한 경지에 올라 있다.

> 민진이와 자전거를 탔다/ 바람은 우리를 가로지르며 달렸다/ 숲엔 온통 바람/ 벼는 노랗게 익어가고 있다// … (중략) … / 민혜가 늦도록 복음성가를 쳤다/ 고물 피아노지만/ 민혜 가는 손가락에선 기쁜 찬양들이 울려나왔다
>
> ―「삼중창」일부

이금자 시인의 자녀에 대한 내리사랑이 절절이 묘사된 작품이다. 자전거를 타고 복음성가를 연주하는 자녀들의 행복한 모습이 아름다운 화폭에 담겨 한눈에 안겨온다. 이금자 시인의 작품 중 「어버이날」도 자녀와의 사랑이 '들꽃같이, 5월의 아카시아 꽃내음'으로 쏟아져 내린다. 「1994 두 개의 크리스마스카드」와 「너희들이 온다는 날」, 「여행」에서도 이런 정서와 감정은 그대로 면면이 전이되고 있다. 시 「어버이날에 부치는 글」에서는 세상의 모든 어버이가 자식들에 의해 행복하고도 기쁜 마음을 담아내고, 시 「꽃 시루떡」과 「노래」에서는 손주와 엮어가는 일상적 소묘(素描)가 행복한 색채언어로 그려지며, 시 「카네이션」에서는 어머니에 대한 절절한 그리움이 형상화 되어 가슴을 뭉클하게 한다. 이렇듯 가족에 대한 사랑이 이금자 시인의 작품세계에서 시의 한 영역을 구축하며 굳건히 자리하고 있다.

〈Ⅰ〉

봄은/ 초록을 입고 일어서는 봄은,// 일출은/ 빨강을 입고 일어서는 일출은,// 새벽을 지키고 앉아/ 고향을,// 봄을,// 향수를,// 공유를,/ 찍고 싶었다/ 특별한 이름을 붙이지 않았는데도/ 잔잔한 웃음, 노래처럼// 상관없이 흐른 세월의 여백이 렌즈처럼 좁아져 오는 것도 같았다

―「안성목장의 봄」 전문

〈Ⅱ〉

몇백 년을 지켜온 저 자태/ 수천 번의 혹한을 이겨낸/ 고궁의 묵묵함이 고요하다/ 고즈넉한 사진 앞에/ 괜스레,/ 숙연해져// 실버들 여린 가지 속/ 생명의 핏기// 실가지마다 매달릴/ 부활의 새순들// 친구의 겨울 속에서/ 봄을 보고 있다

―「경복궁의 겨울」 전문

위의 두 작품은 친구의 사진작품을 감상하며 창작한 시이다. 〈Ⅰ〉시는 도입부에서 봄의 초록색깔과 일출의 빨강색깔을 대비하여 생동적인 봄의 이미지를 그려내고, 이를 사진작가의 렌즈로 옮겨와 고향, 봄, 향수를 그리는 시적자아의 모습에 의탁하여 기나긴 '세월의 정서가 좁혀져 오는 느낌'으로 형상화하고 있다. 특히 결구로 승화시킨 "흐른 세월의 여백이 렌즈처럼 좁아져 오는 것도 같았다."는 부분은 평자(評者)의 시선을 한참이나 묶어둔 고차원적이고 인상적인 언어의 발현이다. 〈Ⅱ〉시도 사진 속의 경복궁을 시제(詩題)로 끌어와 작품화한 시인데, 적절한 묘사력과 사물을 응시하는 깊이 있는 시선, 계절의 흐름에 따라 전개될 나무의 형태 변화에 대한 시적자아의 예견이 자연스럽게 어우

러져 작품화되고 있다. 특히 마무리 부분의 "실가지마다 매달릴/ 부활의 새순들// 친구의 겨울 속에서/ 봄을 보고 있다"는 의식의 연상에서 언어의 능란한 부림은 대단히 탁월한 표현의 질감을 형성하고 있다.

2. 인간 삶을 성찰하는 현상학적 탐구와 관조의 심미성(審美性)

　문학을 지칭하여 인생을 탐구하고 표현하는 창조적 세계라 일컫는다. 이는 곧 작가가 체험한 삶의 진실을 언어를 매개로 표현하는 예술을 말한다. 문학은 가치 있는 인간 체험의 기록으로서 참신한 언어 구사력이 생명이랄 수 있다. 시인은 시를 창작하면서 끊임없이 '시는 무엇인가'라는 원형적이고 본질적인 질문과 맞닥뜨린다. 이에 대한 정의로 독일시인 릴케(Rainer Maria, Rilke)가 설파한 '시는 체험이다.'는 말과 영국시인 셸리(Shelley)의 '시는 영원한 진실 속에 표현된 생의 이미지다.'와 프랑스 대표적 시인인 말라르메(Mallarme)의 '시는 언어로 쓰이지 사상으로 쓰이는 것은 아니다.'라는 말은 방점을 찍어 음미해 볼만한 가치를 지닌다.

　이재석 시인이 상재한 18수의 작품은 추억을 반추하는 내용으로 갈피를 형성한다. 시의 표지를 열고 한 발 더 들어가면 추억이 지닌 삶의 생활기록부로 시작하여 시인의 성장과정이 눈에 띄고 이는 현실세계에서의 정서와 염원으로 이어진다. 시골집 대식구의 애환 어린 생활과 농촌 일에 대한 소회, 그리고 등굣길의 갖가지 체험으로 점차 시적 영역은 확장된다.

　　내 사랑하는 사람이// 바라보는 곳에/ 아름다움만을 비추시고// 내 자신보다/ 더 당신을 사랑하는/ 사람에 의하여// 하루하루 더없이 행복하게/ 살게 하여 주시고// … (중략) … // 살면서 생기는/ 모든 아픔들/ 하룻밤 꿈처럼/ 지울 수 있게 하시고// 내 사랑하는/ 사람을 위하여/ 날마다 기도로/ 살게 하소서

─「나의 기도」일부

이재석 시인의 작품에서「나의 기도」는 사랑하는 임에 대한 절대적 기구(祈求)가 시행과 행간에 걸쳐 절절이 넘쳐흐른다. 잡티 한 점 없이 순결한 그 간절함과 절실함이 가슴 안에 파도를 형성한다. 기도는 인간보다 능력이 뛰어나게 인식되는 절대적 존재에 대하여 기원하는 의식 행위이다. 기도는 마음으로 이루어지기를 바라는 의식으로서 이는 절대자와의 교제, 대화이며 인간이 진정으로 생명을 얻는 영혼의 호흡이다. 이재석 시인은 시「나의 기도」에서 서정적자아를 통하여 그런 순수성과 진실성으로 영혼의 호흡을 하고 있다. 이 기도가 향하는 절대적 존재는 수채화이다. 수채화에 신격과 인격을 부여하여 서정적자아가 사랑하는 임에게 간절히 염원하는 '아름다움만 비추시고 행복하게 살게 해주시기'를 바라며 '모든 아픔을 꿈처럼 지울 수 있게 하고 임을 위하여 날마다 기도하며 살 수 있게' 염원하고 있다. 결국 이재석 시인의「나의 기도」는 상재하고 있는 3인 사진시집『수채화처럼 시가 되는 풍경』이 아름답고 의미 있게 결실되기를 염원하는 순결한 의식의 발현으로도 해석할 수 있다. 어느 경우에나 기도는 숭고하고 신성하다.

쾌청한/ 가을날 저녁/ 우리 손잡고/ 바닷가를 거닐자// 사랑하는 당신의 향기/ 그 온기를/ 가슴 가득 심호흡하여/ 나의 온몸 구석구석으로

퍼트려// 마침내,/ 당신과 나는 하나가 된다// 노을이 깃든 바다의 붉은 색으로/ 나의 가슴은/ 당신의 립스틱처럼 타오른다

―「그날」 전문

　우리가 살아가는 이 세상에서 어머니, 사랑, 고향, 자연 등은 영원한 시적 메시지를 지닌다. 시의 두레박을 매달아 퍼내고 퍼내도 영원히 마르지 않는 샘물이다. 때문에 앞으로도 많은 시객들이 이를 형상화하여 작품의 주된 테마로 활용하는 데 주저하지 않을 것이다. 이재석 시인의 시세계에서도 이들을 범주 안에 견인하여 의미 있는 작품으로 결실하고 있다. 작품「그날」에서는 쾌청한 가을 저녁, 서정적자아가 임에게 "손잡고/ 바닷가를 거닐자"고 간절한 염원을 담은 청유형 문장을 동원하여 애소(哀訴)하고 있다. 이는 2연과 3연에 이르러 임의 향기와 온기가 서정적자아의 체내로 스며들어 '마침내 하나가 되는' 결실을 이루어낸다. 임의 향기와 온기가 서정적자아의 체내에 스며듦은 피동적인 귀결 현상이 아니라 서정적자아의 심호흡으로 이루어내는 보다 적극적이고 능동적인 행위에 의한 '퍼트림'이고, 그럼으로써 마침내 임과 서정적자아가 하나가 되는 일체화를 이루어낸다. 임과 하나를 이룸으로써 종래 가슴이 '노을이 깃든 붉은 색'으로 변하여 임의 '립스틱'처럼 타오르는 동일체를 이룬다. 이 시에서는 당신으로 표상되는 임과 서정적자아가 상호간 적극적이고 원천적인 연모의 정감으로 타오르는 결실을 이루어낸다. 이 작품은「파랑새」에 와서 서정적자아가 파랑까치에 의탁되어 간절한 소망과 염원을 이루는 가상적 성취의 결과로 이어진다.

(…) 나는/ 한 마리/ 파랑까치 되어// 당신이/ 지어 놓은// 호수 위를/ 쉼 없이 날다가// 당신의 마음인/ 잔잔한 수면 위에// 당신의 고운 마음을/ 살짝 어루만졌어요// 솜털처럼 보드랍고 향기로운/ 그 마음

―「파랑새」 일부

　이재석 시인의 작품에 있어 도도하게 큰 줄기를 형성하며 면면히 흐르는 기본정서의 순환은 임에 대한 기원을 통하여 종래 그 임과 합일의 경지에 도달하는 일이다. 합일의 경지에 이름으로써 소망을 성취하고 피아가 일체화 되어 같은 꿈을 지향하는 일련의 동일화 추구 의식이다. 이와 같은 구도(構圖)는 절대적 대상과 서정적자아의 소망을 달성하고 행복과 안락을 성취하는 바람직한 결과로 귀결된다. 이재석 시인이 서정적자아를 통하여 간절히 염원하는 소망은 개인적 욕구나 희원(希願)이 아니라는 사실에 주목할 필요가 있다. 그의 작품「파랑새」에서도 서정적자아가 "한 마리 파랑까치 되어" 끊임없이 임이 지어놓은 호수 위를 날고 결국 잔잔한 수면 위에서 임의 마음에 닿게 되는 소망 성취의 결과를 낳는다. 그 임의 마음이 "솜털처럼 보드랍고 향기로운" 것으로 명료화함으로써 자아만족의 심회를 드러낸다. 이재석 시인의 작품이 구현하는 소망은 온 마음과 정성을 다하여 간절히 기구하고 이행하면 결국 그 꿈이 성취된다는 긍정적이고 당위적인 메시지를 담고 있다. 이는 적극적으로 실행해보지도 않고 지레 판단하여 뒤로 물러서는 일이 다반사인 현대인의 그릇된 가치판단을 일깨우는 촉매제적 구실을 하고 있다. 이 작품은 이재석 시인의 시「그리움」과「우리는」으로 시적 혈통을 이어가며 사랑을 꽃피우는 행복한 소망의 결실을 이루어낸다.

(…) 내 마음이 행복하나/ 아련한/ 바다와 뭍의 경계에서/ 산들바람에 내 마음 돛단배/ 띄워 당신과 나를 싣고/ 두둥실~/ 바다를 떠가네// 우리 사랑은/ 저 하늘 뭉게구름 타고/ 휘~얼 훨~/ 꿈처럼 하늘을 나르며/ 내 마음/ 당신이 있는/ 먼 바다를 향해 가도다

―「그리움」 일부

우리는/ 봄날 오후 높은 하늘에/ 종다리 우지지는 들판에서/ 밀알 구워 먹던 깨복쟁이 친구// … (중략) … 우리는/ 긴 세월 먼 길을 돌아 고향에 온 듯/ 어제 본 듯 밝은 미소로/ 다가갈 수 있는/ 그런 사랑// 우리는/ 천년이 지나도/ 변치 않을 마음으로/ 내가 은행나무 침대 되어/ 당신이 편히 쉴 수 있는/ 쉼터가 되리

―「우리는」 일부

이재석 시인의 작품 「그리움」은 현상학적인 관점에서 임을 그리워하며 느끼는 행복감을 노래하고 있다. 이는 당신으로 표방되는 임과의 인연 자체에 긍정적 시선을 얻기 때문에 가능한 일이리라. 임과 떨어져 있는 현재의 이별이 아프고 슬픈 부정적 이미지로 부연되는 것이 아니라 마음으로 항상 함께 호흡하고 더불어 존재하기 때문에 이는 긍정적 이미지를 구축하고 있는 것이다. 때문에 시 「그리움」에서 서정적 자아의 의식은 현재 이별의 상황에 있기에 행복한 역설적 의미를 함축하고 있는 것이다. 이와 같은 정서는 그의 시 「우리는」에서도 목격할 수 있다. 앞의 시 「우리는」은 고향에서 공유하던 친구와의 지난 우정을 반추하면서 현재의 삶에서도 구김살 없는 미소로 편안히 다가가고, 이러한 관계는 "천년"이 지나도 변치 않을 것임을 다짐하고 있다. 이

는 서정적자아가 "은행나무 침대"로 은유되는 쉼터가 되겠다는 강렬한 의지표방으로 대상에 대한 신뢰감과 사랑을 확인하고 있다.

이재석 시인이 그려내는 일련의 작품은 주로 인간 삶을 성찰하는 데 초점을 두고 있고, 이는 현상학적 탐구와 동화된 시선으로 심미성을 추구하는 본질적 시세계를 보여준다.

3. 렌즈로 포착한 순간의 미학, 그 생동적인 영혼의 예술

이번에 상재한 시집 『수채화처럼 시가 되는 풍경』의 가장 두드러진 특징 중 하나는 사진이 시를 단단히 뒷받침하고 있는 점이다. 사진은 순간포착으로 영원을 지향하는 예술이다. 가장 효율적인 한 컷을 포착하기 위해 사진작가는 수많은 시간의 결을 쪼개어 피사체에 몰입한다. 김기환 작가의 사진작품을 대하면 그 정황이 모두 실감으로 다가온다. 한 컷 한 컷이 모두 숭고한 예술이고 한 장면 한 장면이 모두 생동적인 의미를 창출한다. 렌즈에서 아련한 시간예술이 피어나고 피사체에서 특출한 의미가 생성되어 명징한 주제를 결실한다.

사진은 카메라로 물체의 형상을 감광막 위에 표현해서 장기간 보존할 수 있게 만든 영상이다. 이는 감광면(感光面) 위에 직접 간접으로 물체의 반영구적인 영상을 만들어내는 기법이다. 사진은 '빛'과 '그린다'는 그리스어 포스(Phos)와 그라포스(Graphos)의 합성어로서 카메라를 사용하여 사물의 빛을 기록하고 표현하는 전 과정을 포함한다. 사물과 실제의 현실을 기록하고 표현하는 사진은 복제와 시각적인 전달 매체를 통하여 사회 각 분야에 영향을 미친다. 이 역할은 점차 증대되어 사진의 본질인 기록성과 개성적인 표현 현상이 사진만의 세계에 머물지 않고 다른 표현매체와 상호교류를 통하여 더욱 확장되어 가고 있다.

예술사진은 피사체의 표현에 있어 어디에도 얽매이지 않는 자유로운 입장을 취한다. 이는 끊임없이 다양한 소재를 발굴하고 표현 영역을 확장해가려는 노력과 도전의식을 갖는다. 예술사진 작품은 좋은 구도와 유의미한 주제의식을 지닌다. 예술사진은 일반적으로 기록, 증명 등의 사유가 아니라 예술 그 자체를 위해 촬영된 사진이다. 김기환 사진작가의 작품은 렌즈에 정제된 예술혼을 담는다. 사진은 구도(構圖)의 예술이다.

김기환 작가의 사진작품에서는 완벽한 구도의 예술이 느껴진다. 특히 작품 〈갈대〉, 〈소양강 상고대〉, 〈장화리 오메가〉, 〈대전 장태산〉은 순간적으로 영상이 감각적 전율을 일게 한다. 태양의 찬란한 신비감을 렌즈로 포착한 작품 중에서 〈동판지의 새벽〉, 〈꽃지의 노을〉, 〈을왕리 석양〉, 〈김녕해변의 석양〉, 〈노을빛이 아름다운 인천대교 야경〉, 〈만선〉 등의 작품은 줄곧 시선을 황홀히 앗아가 놓아주지 않고, 색채와 구도가 고도의 질감을 형성하고 있는 〈아름다움이 가득한 꽃길을 거닐다〉, 〈비 내리는 두물머리〉, 〈서산목장의 봄〉, 〈돌고래 구름〉, 〈가을 정원〉, 〈새봄〉도 많은 관심을 끌어간다. 온 대지를 흐드러지게 꽃물 들인 봄의 정취와 이파리마다 붉게 타오르는 가을 정경, 그리고 눈 덮인 적막한 겨울 풍경이 찬탄을 자아내고, 평자의 발길도 머물렀던 두물머리, 청산도, 남한산성, 꽃지해변, 을왕리, 소양강, 대청호반을 한 폭의 피사체로 담아낸 정경이 아련한 추억을 반추시켜 회억에 잠기게 한다. 특히 자욱한 물안개가 깔린 〈비 내리는 두물머리〉와 먼 산을 배경으로 외로이 서 있는 한 그루 나무를 주목한 〈이시돌 목장의 오후〉, 봄꽃이 꽃비처럼 떨어져 내리는 정경과 이에 완전히 동화

되어 환희에 찬 여인의 모습을 담아낸 〈꽃비가 내리는 날〉, 줄기차게 내리는 장대비를 처연히 맞고 있는 모습을 구현한 〈수련〉 등의 작품은 한 컷에서 대하소설만큼의 서사적 이야기가 쏟아져 내리는 듯해 관심과 시선을 거두기 어렵다. 작품에 몰입하여 심층에 들이다 보면 피사체에 담긴 작가의 열정과 포착하려 전력한 작품의 의미가 조화되어 벅차게 감동을 일으키는 명작들이다.

4. 초등학교 교우들, 드디어 예술의 혼에 날개를 달다

상재한 3인 사진시집 『수채화처럼 시가 되는 풍경』은 초등학교 교우들이 숭고한 예술을 활짝 꽃피운 작품집이다. 이금자 시인은 컴퓨터 프로그래머, 공인중개사에 시인이라는 또 하나의 고상한 이름을 보탠다. 이재석 시인은 전기공학을 전공한 기술역군으로서 온실가스 감축과 에너지 진단 전문가로 활동하는 시인이다. 사진으로 시집에 수채화를 색인한 김기환 작가는 전국사진공모전에서 특선을 수상하는 등 입상경력이 다채로운 작가이다. 작가는 렌즈로 사진시집을 조명하며 시의 여백을 충만한 색채예술로 알차게 꾸민다. 이들 세 작가의 사진시집 상재를 축하하며, 앞으로도 활기찬 작품 활동을 통해 더욱 빛나기를 축원한다.

문학세계대표작가선 826

수채화처럼 시가 되는 풍경

이금자 이재석 김기환 3인 사진시집

인쇄 1판 1쇄 2017년 10월 14일
발행 1판 1쇄 2017년 10월 21일

지 은 이 : 이금자 이재석
사   진 : 김기환
펴 낸 이 : 김천우
펴 낸 곳 : 도서출판 천우
등   록 : 1992. 2. 15. 제1-1307호
주   소 : 서울시 성동구 무학봉28길 6 금용빌딩 2F
전   화 : 02)2298-7661
팩   스 : 02)2298-7665
http://moonhak.wla.or.kr
E-mail : chunwo@hanmail.net

ⓒ 이금자, 이재석, 김기환 2017

값 15,000원

* 도서출판 천우와 저자의 서면 동의 없는 무단 전재 및 복제를 금합니다.
* 저자와의 협의에 따라 인지는 생략합니다.

ISBN 978-89-7954-687-3

이 도서의 국립중앙도서관 출판시도서목록(CIP)은 서지정보유통지원시스템(http://seoji.nl.go.kr)과 국가자료공동목록시스템(http://www.nl.go.kr/kolisent)에서 이용하실 수 있습니다. (CIP제어번호 : CIP2017025482)